SONNTAGSSPAZIERGÄNGE

33 idyllische Landpartien
in Schleswig-Holstein

schlütersche

Alle Angaben erfolgen ohne jegliche Verpflichtung oder Garantie des Herausgebers. Für Änderungen und Fehler, die trotz der sorgfältigen Überprüfung aller Angaben nicht vollständig auszuschließen sind, können wir leider keinerlei Verantwortung oder Haftung übernehmen.

Verlag: Schlütersche GmbH & Co. KG
Verlag und Druck
Hans-Böckler-Allee 7
30173 Hannover

Herausgeber: NDR 1 Welle Nord

Autorin: Claudia Heydolph

Skizzen: Thekla Fomiczenko Beyer

Koordination: Anke Veil, NDR 1 Welle Nord,
Claudia Flöer, Schlütersche

ISBN 3-87706-838-3

Die Deutsche Bibliothek – CIP-Einheitsaufnahme
Sonntagsspaziergänge : 33 idyllische Landpartien in Schleswig-Holstein / NDR 1 Welle Nord. Claudia Heydolph. - Hannover : Schlüter, 1999
ISBN 3-87706-838-3

Liebe Leserinnen und Leser,

die NDR 1 WELLE NORD lädt Sie ein zu Sonntagsspaziergängen, die natürlich auch an jedem anderen Tag der Woche Spaß machen.

Seit dem Herbst 1997 geben die WELLE NORD Sendungen „Guten Abend" und „Schönes Wochenende" Ausflugstipps für Schleswig-Holsteiner, gedacht als Anregungen für gemütliche Ausflüge quer durch das Land zwischen den Meeren. Nicht die Kilometer zählen, sondern der Erholungswert. Wir schlagen Ihnen 33 Spazierwege durch Schleswig-Holstein vor, auf denen sich die verschiedenen Gesichter des Landes am Wegesrand erschließen: landschaftliche Vielfalt, versteckte Orte der Geschichte, architektonische Schmuckstücke oder Kunst auf freiem Feld.

Die unterhaltsame Heimatkunde wird Ihnen im Text dort präsentiert, wo die Sehenswürdigkeiten auf Ihrem Weg liegen. Die einzelnen Routen sind so beschrieben, dass sich niemand verlaufen kann. Durch das unterschiedliche Druckbild können Sie dem Weg leicht folgen und finden schnell die Zusatzinformationen. Hinweise für die Anreise und auf Parkplätze sowie Tipps für gemütliche Rastmöglichkeiten nach dem Ausflug finden Sie jeweils im Kasten am Ende der Texte und im Adressenregister am Ende des Buches.

Die WELLE NORD dankt allen Heimatforschern sowie den Mitarbeitern der Fremdenverkehrsvereine und Stadtverwaltungen zwischen Nord- und Ostsee. Sie haben sich Zeit genommen, die Autorin Claudia Heydolph fachkundig und freundlich zu unterstützen, und damit dieses Buch erst möglich gemacht.

Ich wünsche allen Spaziergängerinnen und Spaziergängern – ob hier zu Hause oder zu Gast – viel Freude auf Entdeckungsreise in Schleswig-Holstein. Wenn Sie einen persönlichen Lieblingsweg haben, den wir noch nicht entdecken konnten, freuen wir uns auch über Ihre Anregungen. Die Sendereihe „Ausflugstipps für Schleswig-Holsteiner in Schleswig-Holstein" wird nämlich fortgesetzt. Schalten Sie also die WELLE NORD ein, wenn Sie neugierig auf neue Wege sind.

Gute Unterhaltung beim Lesen und Spazieren wünscht

F. W. Kramer

Friedrich-Wilhelm Kramer
Direktor des NDR Landesfunkhauses
Schleswig-Holstein

NDR 1 WELLE NORD
mein Sender

1 Sylt
2 Staatsforst Langenberg
3 Föhr
4 Hauke-Haien-Koog
5 Pellworm
6 Westerhever
7 Treene
8 Langballig (Unewatt)
9 Oeversee
10 Maasholm
11 Dannewerk
12 Hüttener Berge
13 Seekamp
14 Molfsee
15 Bordesholmer See
16 Westensee
17 Dosenmoor
18 Aukrug
19 Albersdorf
20 Brunsbüttel
21 Tiefste Landstelle
22 Wilster
23 Barmstedt
24 Plön
25 Fehmarn
26 Cismar
27 Lensahn
28 Eutin (Ukleisee)
29 Travemünde
30 Berkenthin
31 Ratzeburg
32 Schaalsee
33 Aumühle

Dänemark
Sonderburg
Ærø
Langeland
Lolland
gballig
10
Halbinsel
Maasholm
Kappeln
Schlei
Eckernförde
Kieler Bucht
Fehmarn
Puttgarden
25
Burg
Staberhuk
Kiel-
Schilksee
Dänischer
Wohld
Wittensee
Passader
See
Selenter See
Heiligenhafen
Oldenburg
Dahme
16
Kiel
13
14
Westensee
Naturpark
Westensee
Preetz
Wagrien
27
Lensahn
Cismar
26
Bordes-
holm
Postsee
Lankersee
24
Plön
Malente
Ukleisee
15
Nortorf
Bordesholmer See
17
Dosenmoor
Großer
Plöner See
Eutin
28
Grömitz
Neu-
münster
Holsteinische
Schweiz
Neustadt
Lübecker
Bucht
18
Aukrug
29
Niendorf
Trave-
münde
Bad
Bramstedt
Wardersee
Bad
Schwartau
Bad
Segeberg
Lübeck
Greves-
mühlen
23
Barmstedt
Stormarn
Schönberg
Wakenitz
Mecklenburg
Bad Oldesloe
Norder-
stedt
30
Berkenthin
Ratzeburger
See
31
Ratzeburg
Gadebusch
Ahrendsburg
Schaalsee
32
Vorpom
Mölln
Hamburg
33
Aumühle
Sachsen-
wald
Wittenburg
Hamburg
Geesthacht
Elbe
Lauen-
burg
Boizenburg
Hagenow
Winsen

Inhaltsverzeichnis

Ins Sylter Heideland

Am Wattufer von Braderup nach Kampen

Auf dem anderthalbstündigen Spaziergang zeigt sich die vielgerühmte „Königin der Nordseeinseln" von einer urwüchsigen Seite, die beim Anblick ihrer hochglanzfarbenen Westküste häufig übersehen wird. Der Weg endet jedoch in dem friesischen „Prominenten-Dorf", das in der Nachbarschaft der majestätischen „Uwe-Düne" liegt.

So einzigartig wie das klischeebehaftete Sylt mit seinem exklusiven Reetdachcharme, den protzigen Nobelkarossen und prominenten Kurzzeit-Insulanern ist auch die wasserfreie Festlandsanbindung. Statt Nordseeluft und einem ersten Hauch von Inselromantik auf dem Schiffsdeck begleiten klimatisierte Zugluft und das rhythmische Rattern der Zugräder Ihre schnelle „Bahn-Überfahrt" zur Sylter Ostspitze. Nur kurzzeitig, während Sie über den Hindenburgdamm rollen, fliegt das Wattenmeer und gelegentlich auch eine Möwe an Ihrem Abteilfenster vorbei. Nachdem sich 1920 die Grenze zwischen Dänemark und Deutschland nach Norden verschob und der Sylter Festlandshafen Højer dänisch wurde, bedurfte die größte deutsche Nordseeinsel einer „neuen Verbindung nach Preußen". So ist der Hauptweg in Deutschlands legendärstem Kurbetrieb seit 1927 landfest und die Ankunft auf dem Bahnhof von

Die „Sylt-Schramme" wird diese Silhouette oft respektlos genannt. Wer sich jedoch der Schramme nähert, kann immer noch mit Überraschungen rechnen. Die „Braderuper Heide" ist eine solche. Foto: Frenzel

Wenn die Sonne sinkt und der Fotograf in die Knie geht, entstehen solche Bilder von der Braderuper Heide.

Westerland so wenig maritim wie auf den Bahnhöfen von Flensburg, Kiel oder Lübeck.

Erst wenn Sie im Bus Nr. 3 das „Cannes des Nordens“ verlassen haben und durch das alte Kapitänsdorf Keitum fahren, zeigt sich Sylt als eine von drei traditionsreichen Frieseninseln, deren Bewohner wie eh und je mit und vom Meer leben.

Wie auf Amrum oder Föhr, so lebten auch die Sylter bis zum Ende des Mittelalters als Bauern, Fischer oder Seeräuber. Erst mit dem Beginn des Walfangs im 16. Jahrhundert hielten Wohlstand und Weltoffenheit langsam auf der Insel Einzug. Oft schon mit zwölf Jahren heuerten die Jungen auf holländischen, dänischen und deutschen Seglern an, die am Anfang des Jahres ins Eismeer fuhren. Wer von der riskanten Fahrt nach Spitzbergen oder Grönland zurückkehrte, brachte wertvolle Jagdtrophäen und silberne Jagdprämien nach Hause. In den vergangenen 200 Jahren galten die Sylter, wie auch die Föhrer und Amrumer, in ganz Nordeuropa als gefragte Steuermänner oder Kapitäne für Handelsschiffe. In Keitum bauten sich viele Kapitäne ihren reetgedeckten Altersruhesitz. Diese typisch uthlandfriesischen Häuser mit ihrem Spitzgiebel über dem Hauseingang werden – wie überall auf der Insel – heute bevorzugt für gewerbliche oder kunsthandwerkliche Zwecke genutzt.

Vielleicht haben Sie Lust zu einem kurzen Bummel durch diesen ehemaligen Sylter Hauptort, der auch im touristischen Zeitalter eine bevorzugte Adresse geblieben ist? Um so intensiver werden Sie die Stille genießen, die Sie dann in Braderup empfängt.

Kein einziges Geschäft, kein Kurhaus, nicht einmal das einzige Restaurant des Dorfes lassen vermuten, dass dies offiziell ein Ortsteil der zweitgrößten Sylter Urlaubsmetropole Wenningstedt ist. Mit dieser Ruhe sind Sie gut eingestimmt auf die Braderuper Heide.

Doch Sie können sich im Naturzentrum zusätzlich auch mit allen Sinnen und ein bisschen Theorie einführen lassen. Die Straße „Üp de Hiir“ führt Sie danach ganz praktisch von der Dorfstraße „in die Heide“, die der friesische Straßenname nur für Wenige verständlich ankündigt.

Von Braderup bis Kampen erstreckt sich die 137 Hektar große Braderuper Heide, eine der letzten zusammenhängenden Heideflächen in ganz Schleswig-Holstein. Etwa 50 Prozent der erhaltenen Heideflächen, die einst vielerorts das Landschaftsbild des nördlichsten Bundeslandes prägten, sind heute auf der Insel Sylt zu finden. Noch bis in die 50er Jahre wurde die Braderuper Heide nach alter Tradition gemeinschaftlich als Viehweide genutzt. Die überalterte, verholzte Oberschicht wurde in regelmäßigen Abständen abgetragen und als Brennmaterial, Stalleinstreu, Dünger oder zur Abdeckung der Reetdachfirste verwendet. Seit 1979 steht die Braderuper Heide unter Naturschutz und wird von der Naturschutzgemeinschaft Sylt gepflegt, die sich mit der Fortführung der traditionellen Verjüngungsmaßnahmen um den Erhalt dieser selten gewordenen Kulturlandschaft bemüht.

Der Weg in die Heide führt Sie an sanierten Kapitänshäusern aus dem 18. Jahrhundert vorbei durch eine neue Sylter „Soda-Siedlung“, ein modernes Villenviertel im Friesenstil, das die meiste Zeit des Jahres unbewohnt ist.

Längst gilt das beschauliche Braderup unter prominenten, zahlungskräftigen Nordsee-Fans als eine ruhige Alternative zum lebhaften Kampen.

Eine Steilküste im Miniaturformat ist solch eine Abbruchkante am Salzwiesensockel.

Daher spazieren Sie zwar selten allein, aber doch ungestört aus dem Dorf in die weitläufige Heidelandschaft hinein und haben dabei einen immer weiteren Ausblick über das Wattenmeer. Mit etwas Glück können Sie von Ihrem holzgepflasterten Pfad sogar die Zugspitze sehen, wenn Sie nach Südosten (rechts) – zum Hindenburgdamm – hinüberschauen. Sie müssen auch nicht einmal von Ihrem Weg abweichen oder rechts die Sylter Akropolis, einen Schießstand aus dem Zweiten Weltkrieg, besteigen, um nach Nordosten (links) das Lister Dünengebirge zu sehen. Wenn Sie am Wattufer entlanglaufen, bietet sich Ihnen außerdem die Gelegenheit zum Einblick in das Innere der Insel Sylt. Am Weißen Kliff stehen Sie vor den erdgeschichtlichen Ursprüngen der Nordsee-Insel, die etwa zwei bis drei Millionen Jahre zurückliegen.

In dieser Zeit entstand der weiße Kaolinsand, der während der so genannten Saale-Eiszeit vor etwa 250 000 Jahren mit anderen Sand- und Gesteinsmaterialien zu einer Grundmoräne aufgeschüttet wurde. Reste dieses alteiszeitlichen Geestkernes bilden das Fundament für Sylt – wie auch für Föhr und Amrum –, das durch Dünennehrungen und Aufschlickung 99 Quadratkilometer groß geworden ist.

Unterhalb des Weißen Kliffs wandern Sie durch den weichen Strandsand, in den jede Flut neue, phantasievolle Spuren hineingräbt. Vor der Küste dagegen hat eine Sturmflut schon in den 60er Jahren das Wrack des norwegischen Dreimastseglers „Marianne“ hinterlassen, der eigentlich im Munkmarscher Hafen als Kunstschiff pensioniert und umgebaut werden sollte. Dort, wo das Meer bis heute neues Land aufbaut und Ihnen der Weg von einem kleinen Zaun versperrt ist, wandern Sie links den heidebewachsenen Hügeln entgegen. Ob Sie dann weiter parallel zum Wattufer laufen oder erst einmal kreuz und quer auf markierten Pfaden die Braderuper Heide entdecken, sollten Sie selbst entscheiden.

Ein Rotfuchs in der Braderuper Heide – ein seltener Anblick!

Der Sylter Friesenspruch „Di Hiir es Briir – Die Heide ist Braut“ gilt zwar nur im Spätsommer, wenn die Besenheide zum Blütenteppich wird. Doch auch in den anderen Monaten können Sie inmitten der scheinbar unspektakulären Landschaft mehr als nur das Meer sehen. Bis zu 2500 kleine Tierarten

Auch in den Zeiten moderner Radartechnik ist das Kampener Leuchtfeuer noch immer ein Symbol für Seeleute und Seeliebhaber.

Wer denkt da noch an das mondäne Sylt? Natur unterm weiten Himmel – das ist (auch) Sylt.

krabbeln, kriechen oder summen am Wegesrand rund um gut 150 verschiedene Pflanzenarten, von denen viele auf der Liste der bedrohten Arten stehen.

Zwischen Heide- und Salzwiesen spazieren Sie bis zum zweiten Taleinschnitt. Wenn Sie hier Kaffeedurst verspüren, müssen Sie nur nach links abbiegen und dann rechts die bewaldete Anhöhe erklimmen. Ansonsten können Sie auch bei der nächsten Gelegenheit links nach Kampen hineinspazieren und hier entscheiden, ob Sie noch durch die Prominentenresidenz hindurchbummeln und in die Dünenberge der Sylter Westküste wandern wollen. Andernfalls fahren Sie von Kampen mit dem Bus Nr. 1 wieder nach Westerland zum Ausgangspunkt Ihrer Sylt-Tour zurück.

Anfahrt mit dem Auto

Von der A 7, Abfahrt Flensburg-Harrislee, auf die B 199 in Richtung Sylt bis nach Niebüll.
2. Abzweig in Richtung Niebüll-Zentrum und der Ausschilderung zum Bahnhof folgen.
50 m vom Bahnhofsgebäude (kostenpflichtiger) Tagesparkplatz. Von der A 23 / B 5 bis nach Niebüll. Ausschilderung zur Autoverladung nach Sylt gilt nur für Reisende mit PKW. Ausschilderung zum Bahnhof erst im Ortszentrum.

An- und Weiterfahrt mit Bahn und Bus

Mit der DB auf der Strecke Hamburg-Westerland oder nur mit der Regionalbahn von Niebüll über den Hindenburgdamm nach Westerland.

Vom ZOB Westerland mit der Linie Nr. 3 über Tinnum, Keitum, Munkmarsch nach Braderup (Haltestelle vor dem Naturzentrum Braderup).

Rückfahrt von Kampen

Mit der Linie Nr. 1 über Wenningstedt nach Westerland-ZOB.

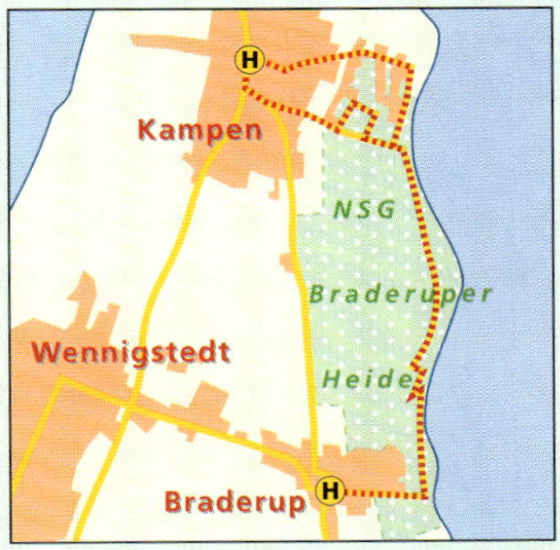

Wegweiser für die Rastpause nach dem Spaziergang

In Kampen: **Kupferkanne**
Syltisches Kaffeetrinken in einem ehemaligen Bunker, der seit 1950 nach Ideen des Bildhauers Günter Rieck zu einem unterirdischen Café-Labyrinth mit oberirdischer Terrasse umgestaltet wurde.
Täglich 10.00 – 19.00 Uhr
Betriebsferien: Info unter
Tel: 0 46 51/ 4 10 10

Naturzentrum Braderup
1. April bis 31. Oktober: täglich 10.00 – 12.00 und 14.30 – 18.00 Uhr (1. Juli bis 31. August durchgehend 10.00 – 18.00 Uhr).
Naturkundliche Führung durch die Braderuper Heide: dienstags / donnerstags
Tel: 0 46 51 / 4 44 21

Nordseeluft und Waldesduft

Auf dem Wanderweg „Eichhörnchen" durch den Langenberger Forst

Dieser zweistündige Spaziergang durch den Langenberger Forst wird Ihre Augen, Nase und Ohren davon überzeugen, dass es in Nordfriesland mehr zu entdecken gibt als nur schöne Ausblicke auf Wattenmeer, Deiche und Schafe.

Ein belebender Cocktail aus würziger Meeresbrise und frischer Waldluft weht Ihnen bei Leck entgegen, wenn Sie hier – nur etwa 20 Kilometer Luftlinie vom Nordseeufer entfernt – aus dem Auto steigen und sich auf den „Eichhörnchen-Pfad" begeben. Auf einem breiten Waldwirtschaftsweg spazieren Sie mitten hinein ins Dickicht des Langenberger Forstes.

Nach großen Waldverwüstungen im 16. und 17. Jahrhundert wuchs an dieser Stelle einst nur noch Heidekraut. Erst 1878 wurde die noch immer sichtbare Endmoräne aus der letzten Eiszeit wieder mit Bäumen bepflanzt. Der Vater des neuen Waldes, der Preußische Provinzial-Forstdirektor Carl Emeis, wusste damals allerdings nicht, welche Laub – und Nadelhölzer in dem waldfeindlichen Klima gedeihen würden. Er pflanzte daher alle Arten, die ihm zur Verfügung standen. So ist im Laufe von 120 Jahren auf insgesamt 760 Hektar ein prächtiger Mischwald emporgewachsen.

Foto: Wandmacher

So hätte es auch den Forstdirektor gefreut: Zarte Buchenblätter gedeihen aufs Schönste im Langenberger Forst.

Unter Buchen, Kiefern, Eichen, Lärchen und Fichten spazieren Sie gemütlich geradeaus, bis Sie am Gedenkstein für den früheren Waldhüter, Forstamtsrat Karl Thomsen, vorbeigegangen sind. Danach weist Ihnen das „Eichhörnchen"-Schild den Weg nach rechts und führt Sie geradewegs zum alten Ochsenweg, genauer gesagt zur westlichen Trasse des alten Pilger- und Handelsweges.

Vermutlich schon vor etwa 4000 Jahren, in der Jungsteinzeit, gab es einen alten Heerweg zwischen der Halbinsel Jütland und Norddeutschland. Seit dem späten Mittelalter zogen nicht nur Pilger, Soldaten und Händler gen Süden.

Ein Weg wie im Wilden Westen: Tausende von Ochsenhufen wirbelten hier Staub auf und der lagerte sich als Düne rechts und links des Weges wieder ab.

Es wurden alljährlich auch tausende Ochsen von Norden nach Hamburg zum Markt getrieben. Die östliche Straße über Flensburg, Schleswig und Rendsburg nach Hamburg war jedoch zu diesem Zeitpunkt längst nicht mehr der einzige Weg in die Hansestadt. Bauern von der Westküste Jütlands wanderten mit ihren Herden an Leck vorbei nach Husum und von dort aus dann weiter über Rendsburg gen Hamburg. Von diesem westlichen Ochsenweg, der heute nur noch selten erwähnt wird, sind südlich von Leck noch etwa vier Kilometer erhalten.

Während Sie nun eineinhalb Kilometer dem breiten Sandpfad folgen, haben Sie genügend Zeit, um sich einmal vorzustellen, wie zehntausende Ochsen hier entlangstampften und dabei stets eine Menge Staub aufwirbelten. Im Laufe der Jahre sind zu beiden Seiten dadurch richtige Wegedünen entstanden, an denen heute viele seltene Pflanzen, Moose und Flechten gedeihen.

Auf der Hälfte der historischen Strecke bietet sich Gelegenheit für einen Abstecher zum verborgenen Denkmal für den „Wald-Vater“ Carl Emeis, bevor Sie den Weg bis zum Waldrand fortsetzen, wo bis 1964 die Petersburg stand.

Das Denkmal des „Wald-Vaters“ Carl Emeis. Er pflanzte an, was sich heute „Langenberger Forst“ nennen darf.

Jahrhundertelang war die Petersburg einer von vielen Krügen am Ochsenweg, die im Abstand von rund acht Kilometern willkommenen Anlass boten, die schweißtreibende Ochsendrift zu unterbrechen. In der munteren Runde von durstigen Viehtreibern soll auch der Heimatdichter Klaus Groth ausgiebige Studien für seine Geschichten betrieben haben, bevor er seine Wanderung nach Tondern fortsetzte. In Tondern besuchte der 1819 in Heide geborene plattdeutsche Heimatdichter übrigens das Lehrerseminar. Klaus Groth starb hoch geehrt 1899 in Kiel.

Nachdem Sie etwa die Hälfte des Rundweges hinter sich haben, führt Sie der Eichhörnchen-Wegweiser an der einzigen Platane des Waldes vorbei bergauf bis auf die knapp 46 Meter hohe „Rantzau-Höhe". Die höchste Erhebung im nördlichen Nordfriesland ist erst seit etwa 100 Jahren nach dem ehemaligen Landtagspräsidenten Graf zu Rantzau benannt, der damals die Aufforstung des Waldes gefördert hat. Ursprünglich kannte man den Hügel nur unter der uralten Flurbezeichnung „Warkshöhe".

Das Interessante an diesem Hügel sind zwei Hünengräber, die Archäologen hier fanden. Sie gehören zu den 13 vorgeschichtlichen Grabstätten, die als Spuren einer langen Siedlungsgeschichte der Region im Langenberger Forst gesichert werden konnten. Die meisten der Hünengräber stammen aus der älteren Bronzezeit, also aus der Zeit um 1800 vor Christus. Die Menschen legten ihre Toten damals in Baumsärge und bedeckten diese mit Steinen und Erde.

Sobald Sie nach links wieder bergab gegangen sind, spazieren Sie unter Begleitung vom vielstimmigen Waldvogelchor weiter auf ebenen Pfaden. Sollten Sie noch ausreichend Kraft und Lust für einen Umweg haben, biegen Sie an der zweiten Kreuzung zum „Enten-Rundweg" nach rechts ab. Dann gelangen Sie geradewegs zu den Fischteichen.

Fische gucken dürfen Sie, aber bitte nicht angeln.

In den 60er und 70er Jahren legten Förster Karl Thomsen und Dr. Ernst Bock die Teiche an. In den 18 miteinander verbundenen Fischteichen tummelt sich – meist sogar deutlich sichtbar – eine Vielzahl heimischer Fische.

Einmal drumherum führt der lauschige Waldlehrpfad, an dessen Rändern kleine Schautafeln allen Wissbegierigen Gelegenheit bietet, die vielfältige Natur im Langenberger Forst noch genauer kennen zu lernen.

Zurück an der Kreuzung, von der Sie vielleicht abgezweigt sind, weist Ihnen das „Eichhörnchen-Schild“ den Weg nun wieder aus dem Langenberger Forst hinaus, zurück zum Ausgangspunkt am Parkplatz nahe der B 199.

Anfahrt mit dem Auto

Von der A 7, Abfahrt Flensburg-Harrislee, auf die B 199 in Richtung Leck, ca. 2 km vor dem Ortsschild von Leck großer Parkplatz mit WC links, Wandererparkplatz 50 m weiter im Wald.

Aus Richtung Husum auf der B 5 in Richtung Niebüll, in Sande nach Leck abzweigen, durch Leck hindurch in Richtung Flensburg, ca. 2 km hinter dem Ortsausgang großer Parkplatz mit WC rechts, Wandererparkplatz 50 m weiter im Wald.

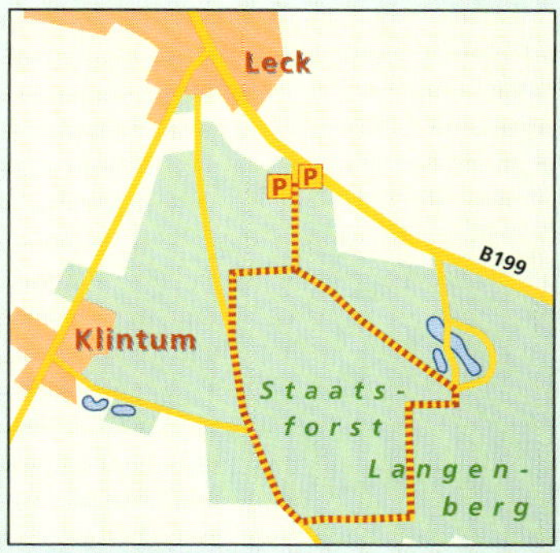

Für die Rastpause nach dem Spaziergang

Hof Berg Stadum
Waldstübchen mit ländlich rustikaler Küche nahe der B 199 in Richtung Flensburg.
Tel: 0 46 62 / 26 47
Di – So 10.00 – 22.00 Uhr

Zu den noch erhaltenen Ochsenweg-Krügen der näheren Umgebung:

in Leck: ***Sorbas, der Grieche***
(ehemalige Karlsburg)
Von außen fast noch authentisch, von innen heute griechisch.
Tel: 0 46 62 / 24 78
Di – Sa 17.30 – 0.30 Uhr,
So 11.30 – 14.30 Uhr und
17.30 – 0.30 Uhr.

in Süderlügum: ***Teten's Gasthof***
Restauriert, aber mit ursprünglicher Friesengemütlichkeit, direkt an der B 5.
Tel: 0 46 63 / 1 85 80
April bis Dezember:
täglich 12.00 – 15.00 Uhr und
18.00 – 22.00 Uhr;
Januar bis März:
Fr – So 12.00 – 15.00 Uhr und
18.00 – 22.00 Uhr.

Rendezvous mit der grünen Schwester von Amrum und Sylt

Radtour auf der Insel Föhr

Die dreistündige Rundfahrt von Borgsum durch den weiten Westen von Föhr könnte bei ungünstigem Wind zwar etwas länger dauern, ist aber eine abwechslungsreiche Alternative zum Kurpromenieren, Strandspazieren und Sonnenbräunen in Schleswig-Holsteins ältestem Nordseebad Wyk.

Fensterplatz und Sonnenschein – was braucht man mehr, um glücklich zu sein? Am Horizont schwimmen kleine Halligen wie etwas aus der Form geratene Hüte auf dem dauergewellten Hoch- oder Niedrigwasser. Voraus ist schon die weiß-grüne Ostküste der Insel zu sehen und Möwen kreisen achtern über der Schaumspur der Schiffsschrauben.

So schippern Sie in etwa 45 Minuten bis in den Hafen von Wyk auf Föhr, der einzigen Stadt auf dem 82 Quadratkilometer großen Nordsee-Eiland. Seit 1819 hat sich hier ein lebhafter Kur- und Badebetrieb entwickelt, dem Sie jedoch schon mit dem nächsten Bus wieder entfliehen. Die Nummer 1 fährt Sie durch das alte Kapitänsdorf Nieblum auf dem direkten Weg bis nach Borgsum. Mit dem Bus Nummer 2 machen Sie dagegen erst eine kleine Reise durch elf von insgesamt 15 Inseldörfern, bevor Sie in Borgsum-Dorf aussteigen. Nur wenige Schritte von der Haltestelle entfernt können Sie sich dann auf ein bereitstehendes Fahrrad schwingen und zur Rundtour durch Westerland-Föhr starten. Das Holzschild mit einem ausgesägten Quadrat, Symbol dieser Westerrunde, weist Ihnen den Weg nach rechts in den Stianbrag und weiter in den Norderwoi. Schon radeln Sie auf dem Borigwoi einer ungewöhnlichen Erhebung entgegen, die nicht so recht in das äußerst ebenmäßige Marschland zu passen scheint.

Urlaubsidylle in Wyk auf Föhr.

Aus der Nähe betrachtet, verwandelt sich der zehn Meter hohe „Berg" in eine 95 Meter breite, grüne Arena mit dickem Schutzwall. Wikinger häuften diese Verteidigungsanlage auf, Ritter Claus Lembeck war ihnen dafür sehr

Diese Hügel sind die Lembecksburg, d. h. der Burgwall, der einst eine größere Siedlung schützte.

dankbar. Er bekam die Inseln Sylt, Amrum und Föhr 1362 als Lehen vom Dänenkönig Waldemar Atterdag, dem er jedoch 1374 seinen Gehorsam verweigerte. Der Sage nach verschanzte sich der aufständische Ritter mit seinen Gefolgsleuten in der Borgsumer Burg, bis ihm unbemerkt die Flucht gelang. Seitdem wird die gut erhaltene Ringwallanlage nach ihm „Lembecksburg" genannt.

Weiter geht es nach links um die über 500 Jahre alte „Siedlung an der Burg" Borgsum herum. Das hölzerne Quadrat zeigt den ebenen Weg ins fast baumlose Inselinnere hinein. In der Ferne ragt rechts der Turm der Nieblumer St. Johannis-Kirche aus dem flachen Land, die als größte der drei Föhrer Gotteshäuser auch „Friesendom" genannt wird. Im Vordergrund werden Sie dagegen bald einen kleinen Ringwald entdecken, der nach holländischem Vorbild am Ende des 18. Jahrhunderts ins Marschland gepflanzt wurde.

In dem kleinen Gehölz verbirgt sich die Borgsumer Vogelkoje. Sechs solcher Vogelkojen sind zwischen 1730 und 1879 auf Föhr entstanden. Bis zu 40 000 Stock-, Spieß-, Pfeif- und Krickenten gingen dem Kojenwärter einst zwischen August und Dezember in die Netze und wurden dann als Delikatessen in alle Welt verschickt. Mit der herandrängenden Besiedlung rund um die Kojen und den staatlichen Beschränkungen verlor der Entenfang auf allen drei Nordsee-Inseln seine Bedeutung. Heute dürfen nur auf Föhr jährlich noch etwa 500–600 Stockenten gefangen werden. Zu besichtigen ist die stillgelegte Boldixumer Vogelkoje nördlich von Wyk.

An der Borgsumer Vogelkoje brauchen Sie aber nicht von Ihrem Kurs abzuweichen, denn Sie würden vergeblich am stets verschlossenen Tor rütteln. Stattdessen schwingen Sie sich in den Sattel und radeln nach links weiter durch die grünen Marschwiesen und steuern links am Haus mit der weißen Bank vorbei dem Dörfchen Oldsum entgegen.

Auf Ihrem Weg durch die Bauernhöfe dieses traditionellen Friesen-

Kreisrund ist der Burgwall noch zu sehen. So hoch kommen Sie mit dem Rad allerdings nicht …

dorfes riechen, sehen und hören Sie, wie wenig sich in Westerland-Föhr trotz des wachsenden Tourismus bisher geändert hat. Hier wird weiterhin Landwirtschaft betrieben und hier sprechen die meisten Einheimischen auch noch immer friesisch miteinander. Diese nordseegermanische Sprache kam mit den Friesen im 8. Jahrhundert an die Westküste Schleswig-Holsteins. Auf dem Festland wie auch auf den Inseln Sylt, Amrum, Föhr und Helgoland entwickelten sich eigenständige Dialekte des Friesischen. Fering, das Föhrer Friesisch, blieb vor allem im ländlichen Westen der Insel als Haus- und Familiensprache neben dem Hochdeutschen als Amtssprache erhalten.

An der alten Holländermühle radeln Sie aus Oldsum wieder hinaus und dem nächsten Friesendorf entgegen. Vorsicht vor Süderende! Die hölzernen Quadrate führen leicht nach links in die Irre. Sie müssen auf jeden Fall nach rechts in den Ort hinein! Nicht einmal hundert Meter weiter werden Sie wieder einen zuverlässigen Wegweiser finden und schon bald die St. Laurentii-Kirche erreichen.

Rund um diese 1150 erbaute Backsteinkirche stehen viele schmuckvoll gestaltete Grabsteine von Walfängern und Kapitänen. Berühmt wurden die Seefahrer von Föhr vor allem durch ihre guten Navigationskenntnisse, die sie von alten Kapitänen und Steuerleuten lernten. Diese privaten „Navigationsschulen" begründete Richard Petri. Der Pastor der St. Laurentii-Kirche unterrichtete im 17. Jahrhundert die ersten Seeleuten in Astronomie, Rechnen und Navigation mit der Bedingung, dass sie ihre Kenntnisse später unentgeltlich an den Nachwuchs weitergeben. Erst die Preußen machten nach 1864 den Besuch der staatlichen Navigationsschule zur Pflicht und ließen die heimatlichen „Privatschulen" auf allen drei Nordsee-Inseln schließen.

Haben Sie dann Utersum und die Westspitze von Föhr erreicht, sollten Sie an der Kurverwaltung auf jeden Fall vom Fahrrad ab- und die Dünen hinaufsteigen. Wenn Sie sich an der richtigen Stelle in den weißen Sand fallen lassen, können Sie hier die Aussicht zu den Schwester-Inseln Amrum und Sylt sogar bequem im Liegen genießen. Auf Ihrem weiteren Weg nehmen Sie dann am Ortseingang von Hedehusum den Abzweig nach rechts, damit Sie bald darauf mit Rückenwind und weiten Ausblick bis zum Amrumer Leuchtturm in die Godel-Niederung hineinrollen. Während Sie durch die Salzwiesen an Föhrs einzigem Flüsschen entlangradeln, können Sie ausgiebig den großen Kolonien von Brut- und Zugvögel zuschauen. Wenn Sie jedoch die Godel überquert haben, müssen Sie – auch ohne hölzernes Quadrat – abbiegen. Nur dann werden Sie bald der Borgsumer Mühle entgegenfahren und geradewegs zum Ausgangpunkt der Westerrunde zurückkommen.

Anfahrt mit dem Auto

Von der A 7, Abfahrt Flensburg-Harrislee, auf die B 199/B 5 in Richtung Niebüll. Der Ausschilderung „Amrum/Föhr" zum Fährhafen in Dagebüll folgen, (kostenpflichtige) Privatparkplätze an der Straße zum Hafen.

Von der A 23 / B 5 über Heide, Husum bis Niebüll, dann der Ausschilderung nach Dagebüll zu den Fähren „Amrum/Föhr" folgen. Parkmöglichkeiten vor dem Hafen nutzen, am Fährgebäude nur Kurzzeitparkplätze.

Anfahrt mit der Bahn

Mit der DB bis nach Niebüll, von dort NVAG-Bahn direkt bis Endstation Dagebüll-Mole am Fährhafen.

Fährverkehr
Dagebüll-Wyk auf Föhr
Wyker Dampfschiffs-Reederei (W.D.R.)
25933 Wyk auf Föhr
Postfach 1540
Tel: 0 46 81 / 8 00 (Föhr)
0 46 67 / 3 11 (Dagebüll)

Fahrrad-Verleih
Borgsum: Artur Thomsen
Tel: 0 46 83 / 332

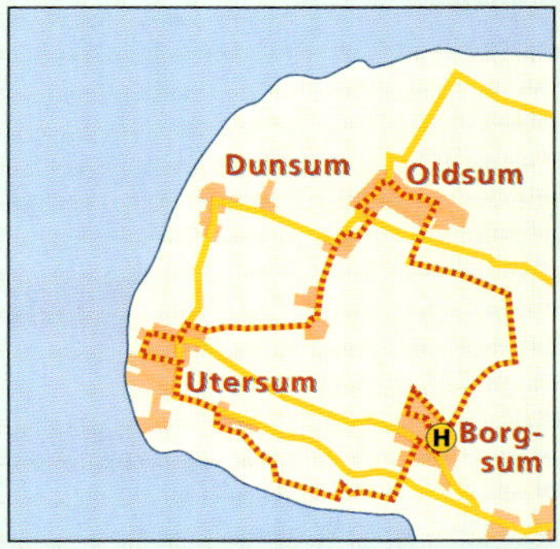

Kirche St. Laurentii Süderende
Tel: 0 46 83 / 3 50 (Pastorat)
Täglich 9.00 – 18.00 Uhr

Boldixumer Vogelkoje
April bis Oktober:
täglich 10.00 – 12.00 Uhr.

Wegweiser für die Rastpause während und nach der Radtour

Gelegenheiten bieten sich in Oldsum, Süderende, Utersum und auch Borgsum mehr als ein Dutzend unter historischen Reetdächern: friesische Wirtshäuser, moderne Café-Stuben oder gutbürgerlicher Landgasthof. Von November bis März empfiehlt sich eine Nachfrage bei der Kurverwaltung in Wyk, welcher Gastwirt Winterpause macht.

Hinterm Nordseedeich gibt's die Piep-Show

Rundwanderung durch den Hauke-Haien-Koog

In vier Stunden lässt sich die vielfältige Vogelwelt und die herbe Weite der nordfriesischen Landschaft ausgiebig kennen und lieben lernen, wenn auch teilweise nur durch ein Fernglas. Wem das zu lang(weilig) erscheint, sollte lieber die Kurzstrecke auf Seite 26 wählen.

Der Westwind erwartet Sie schon auf dem Deich am Neuen Bongsieler Kanal. Unaufhörlich wirbelt er um Sie herum, während Sie sich von Westen nach Osten einen ersten Überblick über den scheinbar endlosen Hauke-Haien-Koog verschaffen.

Solch stürmische Zeiten konnten Sie früher nur auf dem Bongsieler Außenpriel erleben, der sich heute träge und verschlammt vor Ihnen in die Landschaft erstreckt. Bis 1958 hätten Sie am alten Schleusenwärter- und Gasthaus von Bongsiel keinen Deich, sondern ein Fährschiff zur Halligwelt bestiegen.

Flensburger Kaufleute hatten das kleine Küstendorf Bongsiel schon Ende des 16. Jahrhunderts als Hafen für ihren Nordseehandel entdeckt, nachdem sie sich mit den Husumer Hafenbetreibern überworfen hatten.

Doch der Streit währte wohl nicht lange, denn wenige Jahrzehnte später wurde der kleine Hafen nur noch für den Gütertransport zu den Halligen und Inseln benutzt. Seit 1924 starteten von hier auch Ausflugsfahrten ins Wattenmeer. Jahrhundertelang stand das Festland bei Bongsiel und den umliegenden Ortschaften regelmäßig unter Wasser, wenn die Auen aus den Bereichen der Marsch und der Geest bei anhaltenden Westwindlagen nicht in die Nordsee abfließen konnten. Um das zukünftig zu verhindern, wurde die Meeresbucht bei Bongsiel zwischen 1958 und 1960 eingedeicht.

Der neue, zwölf Quadratkilometer große Koog wurde nach dem Deichgrafen aus Theodor Storms Novelle „Der Schimmelreiter" benannt, auch wenn Hauke Haien nachweislich in dieser Gegend nie über einen Deich geritten ist.

Brandgänse – auch sie machen gern mal im Hauke-Haien-Koog Station.

Im großen Bogen spazieren Sie nun auf der Asphaltstraße hinter dem Deich am Bongsieler Kanal entlang. Es wäre nichts Ungewöhnliches, wenn einige Schafe von der Deichkrone aus Ihren Weg verfolgen würden. Schließlich befinden Sie sich im landwirtschaftlich genutzten Teil des Kooges. Daher müssen Sie auf dem gesamten Rundweg Ihren Hund stets sicher an der Leine führen. Sobald Sie am Siel die weit und breit einzige Brücke am Neuen Bongsieler Kanal überquert haben, können Sie links durch ein kleines Holzgatter die Asphaltstraße verlassen. Auf dem grünen Deich wandern Sie gen Westen dem Meer entgegen.

Dabei bleibt es Ihnen überlassen, ob Sie lieber windgeschützt direkt am Kanalufer entlangspazieren oder den Ausblick auf den Koog von der Deichkrone genießen wollen. Vor Ihren Augen breiten sich weite Felder rund um die großen Bauernhöfe aus, die in weiten Abständen aus dem platten Marschland herausragen. Insgesamt 21 solcher Hofanlagen sind seit der Eindeichung dort entstanden, wo Landwirte in früheren Zeiten ihre Fischreusen und Netze ausgelegt haben.

An einem der Bauernhäuser kommen Sie durch ein weiteres Holzgatter auf den befestigten Damm, der zwei Speicherbecken voneinander trennt. Bis hierher haben Sie sicherlich schon manch seltenen Vogel auffliegen sehen. Doch ein Hinweisschild kündigt Ihnen an, dass Sie erst jetzt das eigentliche Vogelschutzgebiet im Hauke-Haien-Koog erreicht haben. Wenn Sie von diesem Schild aus nach rechts um das so genannte Nordbecken herumwandern, werden Sie im wahrsten Sinne eine beeindruckende Piep-Show erleben.

In großen Schwärmen bevölkern heimische Küstenvögel und fremdländische Zugvögel das schilfbewachsene, flache Speicherbecken, das stets zu einem Teil mit Wasser gefüllt ist. Zu den Vogelarten, die fast zu jeder Jahreszeit hier zu finden sind, gehört der Austern-

fischer, der mit seinem leuchtend roten Schnabel gar nicht zu übersehen ist. In den ersten Frühlingswochen lassen sich vor allem viele verschiedene Entenvögel hier nieder. Bald gesellen sich auch Große Brachvögel oder die kleinen Alpenstrandläufer für kurze Zeit dazu. Seeschwalben, Rotschenkel oder Sandregenpfeifer bleiben dagegen zum Brüten. Auch der Säbelschnäbler mit seinem unverkennbar geschwungenen Schnabel richtet sich auf der künstlich aufgespülten Brutinsel für längere Zeit ein.

Richtig interessant wird die Vogelwelt, wenn sich der Kampfläufer im Frühjahr zum Balzkampf herrichtet. Dann verwandelt sich das ansonsten braune Männchen mit einer aufgestellten Halskrause und buntschillernden Federn in einen kleinen „Paradiesvogel". Die imponierenden Schaukämpfe der Kampfläufer lassen sich selten so hautnah beobachten wie im Hauke-Haien-Koog. Wenn Graugänse, Kiebitze, Uferschnepfen und all die anderen Vogelarten gebrütet haben, beginnt das sommerliche Vogelleben rund um das Speicherbecken. Im Herbst nutzen Zugvogelschwärme aus Skandinavien die Schlickflächen, um sich einen „Reiseproviant" anzufressen. Zusammen mit vielen heimischen Vogelarten flüchten sie dann vor dem nahenden Winter gen Süden. Andere Gäste aus Skandinavien, wie die Schneeammern und die Ohrenlerchen, bleiben teilweise auch bis zum nächsten Frühjahr.

Diese muntere Vogelwelt ist auf menschlichen Besuch jedoch nicht eingestellt. Daher sollten Sie möglichst Zaungast bleiben und von dem Wiesenpfad am Beckenrand nicht abweichen. Von oben betrachtet sieht das dichtbevölkerte Nordbecken ohnehin viel schöner aus, wie Sie bald feststellen werden.

Angesichts dieser hübschen roten Beine erübrigt sich die Frage, woher der Rotschenkel seinen Namen hat. Foto: Fotoagentur Helga Lade

Wenn Sie durch zwei Viehgatter hindurch bis zur Landstraße gegangen sind, müssen Sie nur etwa 100 Meter nach rechts gehen, um auf der anderen Straßenseite zum Panoramaweg am Nordseedeich zu gelangen.

Schon breitet sich vor Ihnen das scheinbar endlose Wattenmeer aus. Im Vordergrund ist die Hallig Oland zu sehen, dahinter Langeness und bei klarem Wetter sollte auch die Hallig Hooge am Horizont zu erkennen sein.

Foto: Fotoagentur Helga Lade

Während der Balz zeigt der Kampfläufer gern, dass er ein ganzer Kerl ist.

Zwischen Halligwelt und Vogelwelt spazieren Sie oben auf der Deichkrone entlang. Auch wenn der asphaltierte Fußweg wieder zur Landstraße hinunterführt, sollten Sie der Aussichtspromenade bis Schlüttsiel folgen.

Die Schleuse Schlüttsiel sichert seit 1959 die Entwässerung von insgesamt 720 Quadratkilometern Marsch und Geest bis kurz vor die Tore von Flensburg. Das Flusswasser zweier Auen fließt in das Sielbecken, das bei Ebbe durch die Sieltore entleert wird. Die angrenzenden Nord- und Südbecken dienen bei anhaltendem Hochwasser als Speicherbecken und haben Staukapazitäten für mehrere Tage. Anstelle des ehemaligen Bongsieler Hafens ist Schlüttsiel heute eines der wichtigsten Tore zur Halligwelt. Mit dem Fährschiff sind von hieraus Hooge, Langeness und Amrum zu erreichen. In der Saison ist der kleine Fährhafen zugleich Ausgangspunkt für reizvolle Erlebnisfahrten durch das Wattenmeer.

Nachdem Sie die Vogelwelt im Koog immer nur aus der Ferne gesehen haben, bietet sich im Informationszentrum des Vereins Jordsand in Schlüttsiel Gelegenheit für nähere Beobachtungen der gefiederten Küstenbewohner.

Dann geht es etwa 500 Meter an der Landstraße entlang, bevor Sie links dem Hinweisschild „Ockholmer Naturweg“ folgen.

Auf dem Dammweg zwischen Sielbecken und Südbecken bietet sich ein Ausblick in die geschützte Vogelwelt rund um das zweite Speicherbecken im Hauke-Haien-Koog.

Am Ende des Sielbeckens sind Sie wieder am neuen Bongsieler Kanal angelangt. Jetzt wandern Sie allerdings auf dem gegenüberliegenden Ufer-

weg entlang durch die weite Marschebene. Der nächsten Abzweigung „Ockholmer Naturweg“ sollten Sie nur folgen, wenn Sie sich die in der Ferne sichtbare Vogelwärterhütte einmal aus der Nähe anschauen wollen.

Der Verein Jordsand, der sich heute um insgesamt 22 Seevogelkolonien entlang der Nord- und Ostsee kümmert, ließ diese Blockhütte 1967 bauen. Mit fließend Kaltwasser und Gasflaschen ausgestattet, diente das „komfortable“ Holzhaus jahrelang als Unterkunft für einen Vogelwärter, der ehrenamtlich den Vogelbestand und -schutz im Hauke-Haien-Koog beoachtete.

Auf dem eigentlichen Rundweg gehen Sie noch einige hundert Meter weiter am Kanal entlang, bevor Sie an den Bauernhöfen rechts ein Viehtor durchqueren müssen. Auf der Asphaltstraße wandern Sie dann geradewegs zurück zum Gasthaus Bongsiel, das Eingeweihte scherzhaft auch das „Palais zum Königreich Bongsilia“ nennen.

Neun Männer gründeten 1994 ihr eigenes Königreich Bongsilia mit einer Fläche von 40 mal 40 Metern hinter dem Gasthaus Bongsiel. Ganz demokratisch wurde damals der erste König unter den Bongsilianern auserkoren. Seitdem wird der Thron jedoch alljährlich an ein Mitglied des Reiches weitergegeben.

Die Alternative: Kurzweg

Der etwa zweistündige Rundweg bietet von Schlüttsiel aus einen „schnellen“ Eindruck von der Vogelwelt und der Landschaft am Nordseedeich.

Der Rundweg um das so genannte Nordbecken beginnt in Schlüttsiel. Von dort aus gehen Sie nordwärts die Landstraße entlang, bis Sie nach rechts auf den Damm zwischen dem Sielbecken und dem Nordbecken abbiegen können. Von nun an können Sie ausgiebig die artenreiche Vogelwelt beobachten, während Sie auf dem breiten Kiesweg am Beckenrand entlangwandern. Bei einem Hinweisschild auf das Schutzgebiet zweigt ein Wiesenpfad nach links ab, der weiter um das Nordbecken herumführt. Sobald Sie durch zwei Viehgatter hindurch bis zur Landstraße gegangen sind, müssen Sie nur etwa 100 Meter nach rechts, um auf der anderen Straßenseite zum Panoramaweg am Nordseedeich zu gelangen. Mit dem Ausblick auf das Wattenmeer zur einen Seite und der Vogelwelt im Nordbecken zur anderen Seite spazieren Sie auf der Deichkrone zurück nach Bongsiel.

Anfahrt mit dem Auto

Von der A 7, Abfahrt Schleswig-Schuby, auf der B 201 nach Husum, dann auf der B 5 in Richtung Bredstedt, Niebüll. Hinter dem Ortsende Bredstedt nach links in Richtung Schlüttsiel, Dagebüll abbiegen. In Ockholm nach rechts in Richtung Bongsiel. Parkplatz nach 2 km am Gasthaus Bongsiel.

Von der A 7, Abfahrt Flensburg-Harrislee, auf der B 199, später B 5 nach Niebüll, von dort aus nach Dagebüll und weiter in Richtung Schlüttsiel, Bredstedt. Ca. 5 km hinter Schlüttsiel nach links der Ausschilderung Bongsiel folgen. Parkplatz am Gasthaus.

Für die Kurzstrecke:
Parkplatz am Fährhaus Schlüttsiel.

Informationszentrum des Vereins Jordsand
Schlüttsiel
Tel: 0 46 74 / 8 48
Täglich außer Mo
14.00 – 16.00 Uhr

Vogelkundliche Führungen durch den Hauke-Haien-Koog: täglich außer Mo 10.00 Uhr.

Wegweiser für die Rastpause

Nach der Hälfte der Strecke:
Fährhaus Schlüttsiel

Café-Restaurant mit Blick zur Halligwelt.
Tel: 0 46 74 / 2 55
März bis Oktober: täglich 9.00 – 22.00 Uhr,
warme Küche: 11.00 – 14.00 Uhr und 18.00 – 22.00 Uhr;
November bis Februar: eingeschränkte Öffnungszeiten.

Nach dem Spaziergang

Gasthaus Bongsiel
Einst die Schankwirtschaft eines kunstliebenden Schleusenwärters, heute eine urgemütliche Friesengaststube mit 150 Bildern von schleswig-holsteinischen Malern.
Tel: 0 46 74 /14 45
Täglich 12.00 – 14.00 Uhr und 17.00 – 22.00 Uhr (Di Ruhetag).
Betriebsferien Mitte Januar bis Mitte Februar.

Reise zur Insel der verborgenen Sensationen

Auf dem Rundwanderweg Nr. 4 über Pellworm

Der dreistündige Spaziergang durch den grünen Westen von Pellworm ist weder der Anfang noch das Ende dieser Inselreise, bei der sich Gegenwart und Vergangenheit des Landlebens mitten im Wattenmeer entdecken lassen.

Langsam schiebt sich die MS „Pellworm I" vom Anleger Strucklahnungshörn und begibt sich auf ihren Kurs in den Norderhever-Priel, einer Wasserrinne im Watt, die auch bei Ebbe befahrbar bleibt. Bei Niedrigwasser lassen sich manchmal Seehunde auf ihren Sandbänken beobachten. Bei Flut haben Sie einen grandiosen Blick auf das Lichtspiel der Wellen.

Auf die eigentliche Insel bringt Sie dann der (kostenlose) Transferbus, der vom vorgelagerten Tiefwasser-Anleger bis in die so genannte „City“ am alten Hafen fährt.

Der rot-weiße Riese leuchtet nicht nur für Seefahrer, sondern auch für Brautleute, die hier ihre Traumhochzeit feiern wollen.

Rund um den Hafen für Fischerei- und Sportboote stehen die Kurverwaltung, das Kurzentrum mit Schwimmbad und die wichtigsten Versorgungseinrichtungen für die gesamte Insel. Anders als auf den anderen Nordseeinseln gibt es auf Pellworm keine einzelnen Dörfer. Das 37 Quadratkilometer große Eiland zählt zusammen mit den Halligen Südfall und Süderoog als eine große Gemeinde, in der heute rund 1100 Einwohner leben.

Wenn Sie die etwa 400 Meter lange „City“ Tammensiel entlangbummeln, sollten Sie die seltene Gelegenheit für notwendige Souvenireinkäufe nutzen. Danach fahren Sie – ob auf dem Rad oder im Bus – auf dem Junkersmitteldeich langsam aus dem „städtischen“ Pellworm hinaus. Über den grünen Fennen, den Marschwiesen, werden Sie schon bald den Pellwormer Leuchtturm erblicken, der seit 1907 Seefahrern den tückischen Wasserweg südöstlich um die Insel herum erleichtert. Auch die 1528 erbaute Neue Kirche können Sie in der platten Landschaft nicht übersehen, wenn Sie an der Tilli Mühle vorbei durch Westertilli bis zum Südermitteldeich fahren. An der Busstation „Schmerhörn“ haben Sie dann den Ausgangspunkt für den eigentlichen Rundweg erreicht.

Während Sie auf dem Untjehörnweg das letzte Stück bis zum Deich spazieren, begleitet Sie das „Geschwätz“ der Seevögel aus den schilfbewachsenen Wasserlöchern am Wegesrand.

Diese so genannten Pütten sind ein sichtbares Zeugnis des Deichbaus, für den Kleiboden aus den Wiesen entnommen wurde. Die entstandenen Löcher füllten sich mit Wasser und bieten heute Brut- oder Zugvögeln einen idealen Lebensraum.

Haben Sie am Untjehörn dann die Deichkrone erklommen, reicht Ihr Ausblick bei klarer Sicht über das Wattenmeer bis zur Halbinsel Eiderstedt und Deutschlands berühmtestem Leuchtturm Westerheversand. Doch selbst wenn ein leichter Dunstschleier die Wasserfläche mit dem Himmel verbindet, können Sie immer noch bis zur Hallig Süderoog blicken und weiter östlich (links) auch die Hallig Südfall entdecken.

In der Nähe soll einst das sagenumwobene Rungholt gestanden haben. Diese versunkene Ort-

Im Norderhever-Priel kommen Sie auch bei Ebbe hinüber nach Pellworm.

schaft ist zum Symbol für die verheerenden Auswirkungen der Ersten Großen Manndränke 1362 geworden. Während ein Großteil der Halligwelt unwiederbringlich im Meer versank, entstand aus anderen Inseln und Halligen gleichzeitig die hufeisenförmige Insel Strand. Nach der Zweiten Großen Manndränke 1634 blieben von dem großen „Alt-Nordstrand“ nur noch Pellworm, die heutige Halbinsel Nordstrand, die Hamburger Hallig und die Hallig Nordstrandischmoor übrig. Die tobende Nordsee wütete fürchterlich: 6100 von zuvor 8600 Insulanern starben. Fast 50 000 Tiere ertranken in den Fluten. Aus einer ehedem recht wohlhabenden Inselwelt wurde ein Armenhaus.

Auf dem asphaltierten Weg geht es nach rechts gen Westen. Wenn Sie sich bei Ebbe zu einem kurzen Ausflug ins Watt verführen lassen, sollten Sie dabei stets das auflaufende Wasser im Auge behalten. Noch sicherer wäre natürlich eine geführte Wattwanderung, bei der schon manch eine Spur der versunkenen Halligwelt wieder gefunden wurde.

Diese oft wertvollen Fundstücke können Sie in den Wattmuseen bewundern, wenn Sie an der Badestelle Schütting über den Deich steigen. Hier sollten Sie sich auch die Tammwarft aus der Nähe anschauen.

Die einzige Großwarft der Insel beweist die historische Verbindung zwischen Pellworm und den benachbarten Halligen, auf denen stets mehrere Häuser auf einer Warft errichtet wurden. Wie auf jeder Halligwarft befindet sich auch hier in der Mitte eine Wassergrube, in der das Regenwasser gesammelt wurde, weil das versalzene Grundwasser nicht nutzbar war. Dieser so genannte Fething war bis 1964 die einzige Trinkwasserversorgung für die Bewohner der Tammwarft.

Den Endpunkt Ihrer Wanderung entlang des Wattufers können Sie gar nicht verfehlen. Wie einst den Seefahrern, so leuchtet der 27 Meter hohe Kirchturm auch Ihnen schon von Ferne backsteinrot entgegen.

Wäre er nicht 1611 zur Hälfte eingestürzt, stünden Kirche und Turm noch immer zusammen.

Das älteste Pellwormer Wahrzeichen, das seit 1611 nur noch eine Ruine ist, war einst der repräsentative Abschluss der „Alten Kirche" von Pellworm, die vermutlich zu den ersten Kirchbauten von Nordfriesland gehört. So ist der um 1095 erbaute Chor nachweislich Baubeginn für die zweite „Alte Kirche", die im 12. Jahrhundert sogar eine von zwei Hauptkirchen des mittelalterlichen Bistums Farria gewesen sein soll. Ein geschnitzter Flügelaltar und die 1711 vom barocken Orgelbaumeister Arp Schnitger gebaute Orgel zeugen vom einstigen Reichtum der Gemeinde.

Auf dem Klostermitteldeich spazieren oder radeln Sie von der Alten Kirche wieder ins grüne Inselinnere, das größtenteils noch immer den Schafen, Rindern und Schwärmen von Seevögeln gehört. Alles, was ansonsten hier an touristischen Attraktionen geboten wird, ist die gelbe Wegmarkierung, die Sie in den Tüterlandweg führt. Schnell lässt sich mitten in der einsamen Weidelandschaft die Zeit vergessen. Doch eigentlich spielt die Uhr ohnehin nur am Anfang und am Ende Ihrer Inselrundreise wirklich eine Rolle. Daher müssen Sie auf jeden Fall die Busstation am Tüterlandweg zur vorgeplanten Zeit erreichen oder aber mit dem Fahrrad rechtzeitig wieder nach Tammensiel zurückfahren. Sonst könnte es passieren, dass Sie bis zum nächsten Morgen warten müssen, bevor Sie aufs Festland zurückkehren können.

Anfahrt mit dem Auto

Von der A 7, Abfahrt Schleswig-Schuby, auf die B 201 bis Husum. Umgehungsstraße zur B 5 in Richtung Niebüll, Ausschilderung Nordstrand/ Fähre Pellworm bis zum Hafen Strucklahnungshörn folgen. Parkplatz gegenüber vom Fähranleger.

Von der A 23 weiter auf der B 5 bis Husum und der Ausschilderung zum Fährhafen Nordstrand folgen. Parkplatz am Fähranleger für Tagesgäste bis zu max. 12 Stunden.

Anfahrt mit Bahn und Bus

Mit IC oder Regionalbahn bis nach Husum, mit Busanschluss zum Fährhafen Nordstrand/Strucklahnungshörn.

Fährverkehr
Nordstrand – Pellworm
Neue Pellwormer Dampfschiffs-GmbH (NPDG) 25849 Pellworm
Tel: 0 48 44 / 753 (754 oder 755)

Auf Pellworm: Kostenloser Bustransfer vom Tiefseeanleger zur Kurverwaltung oder zum (alten) Hafen.

Fahrrad-Verleih: täglich, neben der Kurverwaltung oder am Hafen.

Geführte Wattwanderung vom Untjehörn
Information bei der Kurverwaltung Pellworm
Tel: 0 48 44 / 1 89 40-43

Wegweiser für die Rastpause

Pellworm: ***Zur Alten Kirche***
Kirchspielkrug neben der Alten

Kirche von Pellworm, die einst auch Gerichtshaus, Bank und Sitzungshaus der Gemeinde war.
Tel: 0 48 44 / 275
Ende März bis November: (Winterpause 1999 beginnt wegen Umbau schon am 1.10.) täglich ab 11.00 Uhr, Dienstag Ruhetag (Juni bis August kein Ruhetag); warme Küche: 12.00 – 14.00 Uhr und 18.00 – 21.00 Uhr.

Nach dem Spaziergang

Nordseeblick
Fischrestaurant am alten Hafen von Pellworm.
Tel: 0 48 44 / 2 11
Vor- und Nachsaison: täglich 11.30 –14.00 Uhr und 17.30 – 21.00 Uhr (außer Donnerstagabend); Juni bis August: täglich 11.30 –14.30 Uhr und 17.30 – 21.30 Uhr.

Zwischen November und März gesonderte Öffnungs- und Fährzeiten, die bei der Kurverwaltung von Pellworm erfragt werden können.

Von Haubargen, Kirchtürmen und dem Wattenmeer

Von Garding auf dem großen Radrundweg Nr. 1 über die Halbinsel Eiderstedt

Fünf bis sechs Stunden sollte jeder einplanen, der in aller Ruhe das „typisch" Eiderstedter Binnenland durchradeln und am Wattenmeer rund Deutschlands berühmtesten Leuchtturm spazieren möchte.

Westwärts, durch Garding hindurch, rollt der touristische Strom beständig dem legendären Seebad St. Peter-Ording entgegen. Andere brausen von hieraus zielstrebig südwärts – zum großen Eidersperrwerk. Dabei gibt es viele Gründe, im geografischen Mittelpunkt von Eiderstedt einfach auszusteigen und mit dem Fahrrad langsam dem weniger bekannten Norden entgegenzufahren.

Foto: Archiv Tönninger Fotofreunde

Die Kirche St. Christian in Garding. Mit ihr wuchs der Pfarrerssohn Theodor Mommsen auf, der 1912 als erster Deutscher den Literatur-Nobelpreis erhielt.

Graureiher kreisen hoch oben über der Gardinger St. Christian Kirche. Sind Sie dann nordwärts durch die Johannisstraße geradelt, werden Sie rechts weder den Graureiherweg noch die Horste von etwa 60 Graureiher-Paaren übersehen, die sich mitten in der Kleinstadt erstaunlich ungestört fühlen. Dabei beginnt nur wenige hundert Meter weiter das weitläufige Marschland und damit für Sie das richtige Naturerlebnis.

Schon nach dem Abzweig rechts in die Nordermarsch verstellt Ihnen kaum etwas den Rundblick bis zum Horizont. Aber zwischenzeitlich sollten Sie doch einmal auf den asphaltierten Boden blicken, damit Sie die Abzweigung rechts auf die Marschchaussee nicht verfehlen. Das gemalte Fahrrad, eine „1" oder ein weißer Pfeil werden Sie weiterhin auf dem Rundkurs leiten, beispielsweise zweihundert Meter weiter links auf den Osterdeich. Schon sind Sie mittendrin in dem Teil von Eiderstedt, der bis heute Everschop genannt wird.

Dieser Name stammt aus der Zeit vor dem 17. Jahrhundert, als es das heutige Eiderstedt noch nicht gab. Ursprünglich bestand die rund 30 Kilometer ins Wattenmeer hineinragende Halbinsel aus einer Vielzahl kleinster Inseln und Halligen. Erst um 1000 n. Chr. hatten die damaligen Küstenbewohner begonnen, vom Meer abgelagerte Marschflächen einzudeichen. So entstanden bis ins späte Mittelalter drei größere Inseln: Everschop mit dem Hauptort Garding im Norden, Eiderstede mit dem Hauptort Tönning im Süden und Utholm mit seinem Hauptort Tating im Westen. Immer mehr Deiche wurden gebaut, um weitere Landflächen für die Besiedlung nutzbar zu machen.

1613 gelang es, alle drei Inseln mit dem so genannten Dreilandenkoog zu verbinden und zu einer Halbinsel zu machen. Beendet war der Kampf gegen das Meer damit jedoch nicht, wie sich bei der legendären Sturmflut von 1634 zeigte. Eiderstedt soll fast vollständig unter Wasser gestanden haben. Chronisten berichteten später von 2100 ertrunkenen Menschen und etwa 6600 toten Tiere. Auch von späteren Fluten, wie der Weihnachtssturmflut 1717, blieb Eiderstedt nicht verschont. Erst im 20. Jahrhundert sind die Deiche so sicher geworden, dass es bei der Jahrhundert-Sturmflut 1962 an einer Stelle zwar zum Bruch, aber weder Mensch noch Tier zu Schaden kam.

Vom Osterdeich blicken Sie bis zum Horizont links und rechts nur über grünes Marschland, das offensichtlich vor allem von Möwenschwärmen oder Schafen bevölkert wird. Gelegentlich ragt jedoch auch ein kleiner Hügel, eine so genannte Warft, aus dem platten Weideland heraus und bietet dem darauf stehenden Bauernhaus einen wassersicheren Thron. Baumreihen um die Häuser und mitten in der Landschaft zeigen genau, woher hier der Wind weht, dem Sie sich mitunter kraftvoll entgegenstemmen müssen.

Eine solche Familie gehört zum Deicherlebnis einfach dazu. *Foto: Geisler*

Das sollte Sie am Ende vom Osterdeich allerdings nicht davon abhalten, einen kleinen Abstecher gen Westen (links) nach Poppenbüll zu machen.

Der winzige Ort liegt mitten im vermutlich ältesten Koog Eiderstedts, dem St. Johannis-Koog, zu dem traditionsgemäß eine eigene Kirche gehört. Im Verhältnis zur Einwohnerzahl von gut 19 000 Seelen erscheinen die 18 Kirchen auf der Halbinsel ungewöhnlich üppig bemessen. Wie die Johannis-Kirche von Poppenbüll entstanden sie fast alle schon im 12. Jahrhundert. In den „Insel-Zeiten" von Eiderstedt versperrten tiefe Priele und Hochwasser regelmäßig die Wege zu den Hauptkirchen in Garding, Tating oder Tönning und damit den Zugang zum kirch-

lichen Leben. Daher bauten sich die wohlhabenden Bauern selbst in den kleinsten Gemeinden ihre eigene Kirche mit wertvoller Ausstattung, wie sie in der St. Johannis Kirche zum Teil noch erhalten ist.

Von Poppenbüll geht es wieder zurück bis zur Abzweigung und geradeaus weiter auf dem Klerenbüller Weg bis zur Hofanlage Klerenbüll. Ein kleiner Feldweg führt rechts um die Hofanlage herum und dann radeln Sie auf asphaltierten Pfaden nach links schon dem nächsten Kirchturm entgegen. Die weithin sichtbare St. Martin Kirche von Osterhever können Sie gar nicht verfehlen, selbst wenn Sie nicht am Klosterweg rechts auf die Dorfstraße einbiegen. Wie an jeder anderen Kirche hängt auch hier ein Plan des Rundkurses, der Sie vor langen Irrwegen schützen soll.

Mit einem Blick werden Sie sehen, dass Sie in entgegengesetzter Richtung wieder aus dem Dorf hinaus und gen Norderheverkoog fahren müssen.

Solch ein Haubarg trotzt den Stürmen und bot – früher zumindest – Vieh und Mensch genügend Platz. Foto: Wandmacher

Auf der Landstraße passieren Sie erstmalig auf diesem Rundkurs eine so genannte Stöpe, die das nahe Wattenmeer ankündigt.

Droht von dort eine Sturmflut über den Außendeich zu schwappen, kann dieser Durchbruch in der zweiten Deichlinie jederzeit mit einem bereitliegenden Balken und Sandsäcken wieder versperrt werden.

Sie müssen natürlich keine nassen Füsse befürchten, wenn Sie an der nächsten Kurve nach links noch tiefer in den Norderheverkoog hineinfahren und dann rechts bis zum Außendeich vordringen. Sowohl bei Ebbe als auch Flut können Sie den Asphaltweg an der Seeseite nach links bis Westerheversand benutzen.

Erst einmal sollten Sie allerdings den Panoramablick von der Deichkrone genießen, noch einmal über das Marschland zurückblicken, bevor Sie sich dann dem Wattenmeer zuwenden. Bei klarer Sicht können Sie bis zu den Halligen Südfall und Süderoog oder nach Nordstrand und Pellworm hinüberblicken, während Sie langsam in die Salzwiesen hineinrollen.

Im Rhythmus der Gezeiten haben sich Sinkstoffe, Schlick und Sand aus dem Meer zwischen den so genannten Lahnungspfählen abgelagert und sind nach Jahrzehnten zu kleinen Feldern „angewachsen". Bis zu 200-mal pro Jahr überflutet, haben sich die hier lebenden Pflanzen in extremer Weise dem

Ein deutsches Wahrzeichen: Der Leuchtturm Westerhever. *Foto: Wandmacher*

Salzwasser anpassen müssen. Der stetige Nachschub von nährstoffreichen Sedimenten aus dem Meer macht die Wiesen andererseits zum idealen Rast- und Brutgebiet für Seevögel. Für die Menschen bedeuten diese Deichvorlande vor allem mehr Sicherheit, da bei Sturmfluten die Wellen nicht mit ungebrochener Kraft auf die Deiche peitschen.

Wenn Sie nach etwa der Hälfte des Rundkurses die Landspitze zwischen Nord- und Westküste umrundet haben, breitet sich vor Ihnen die kilometerlange Sandbank Westerheversand aus.

Ähnlich wie vor St. Peter-Ording ist auch vor Westerhever ein Wall aus Salzwiesen und Sand entstanden, an dem der so genannte Heverstrom noch heute ununterbrochen weiternagt. Weithin sichtbar leuchtet Ihnen mittendrin der inzwischen berühmteste Leuchtturm Deutschlands entgegen. Seine einsame Position, die zigtausende Fotografen fasziniert, ist bei seinem Bau 1906 eine reine Notlösung gewesen. Umliegende Landbesitzer zeigten damals wenig Verhandlungsbereitschaft und so musste der 37 Meter hohe Turm auf einer sechs Meter hohen Warft mit 127 Pfählen in den staatlichen Schlick gesetzt werden. Seit 1908 weist der gut 40 Kilometer weit sichtbare Lichtkegel Seeleuten den sicheren Weg durch die gefährliche Fahrrinne zwischen den Sandbänken und dem Heverstrom. Bis dahin leuchtete jahrhundertelang nur ein kleines Fenster im 1370 erbauten Turm der St. Stephanus Kirche von Westerhever.

Vor dem Abstecher zur Kirche sollten Sie natürlich ein Stück zu Fuß durch die geschützten Salzwiesen rund um den Leuchtturm wandern, auch wenn Sie das automatisch betriebene Leuchtfeuer nicht besichtigen können.

Bis zu den Sandbänken sollten Sie allerdings nur hinauslaufen, wenn Sie zuvor die Gezeiten- und Nebelwarnungen gelesen haben. Über den Deich radeln Sie dann zurück in Richtung Kirche und durchqueren das Weideland der traditionsreichen Schäferei Hintz.

Foto: Archiv Tönninger Fotofreunde

Wer dem Meer Land abgewinnen will, der muss „Queller" pflanzen. Ohne diese Pionierpflanze geht gar nichts.

Die fast 1000 Schafe zeigen sich meist zwar interessiert an Spaziergängern, aber Hunde oder Besucher sind in den Stallungen ungern gesehen. Von Ostern bis Oktober treffen Sie jedoch fast immer jemanden aus der Schäferfamilie, der Ihnen all Ihre Fragen zur Schafzucht beantworten kann.

Aus dem Kirchturmfenster leuchtete den Schiffern einst ein Licht heim. Heute ist St. Stephanus in Westerhever „nur" fürs Seelenheil zuständig.
Foto: Archiv Tönninger Fotofreunde

Der eigentliche Rundweg zweigt schon vor Westerhever, am Haubarg der 1685 bebauten Knutzenwarft nach rechts ab.

Das für Eiderstedt typische Bauernhaus wurde vor über 400 Jahren von holländischen Einwanderern eingeführt. Unter der reetgedeckten Ständerkonstruktion waren Diele, Ställe, Wirtschaftsräume, Heu- und Kornvorräte sowie die Wohnung der Familie auf etwa 400 bis 600 Quadratmeter zusammen untergebracht. Vielfach vom Feuer zerstört oder von den Eigentümern nicht mehr zu finanzieren, sind heute nur noch 50 dieser mächtigen Haubarge auf Eiderstedt erhalten.

Wieder auf der Seeseite des Aussendeiches, radeln Sie um die Tümlauer Bucht herum, die zur höchsten Schutzzone im Nationalpark Wattenmeer gehört. Wenn Sie noch nicht müde sind, sollten Sie auf den Tümlauer Hafen nicht verzichten. Dann geht es durch den erst 1936 eingedeichten Tümlauer Koog in Richtung Tating. Kurz vor dem Ortseingang weist Ihnen das Rundkurs-Symbol den Schleichpfad nach links über Büttel, Kokert und Kleinemedehop zurück nach Garding. Parallel zur B 202 fahren Sie durch den kleinen Stadtwald wieder ins Stadtzentrum zum Marktplatz und zum Ausgangspunkt des Rundweges zurück.

Anfahrt mit dem Auto

Von der A 23, Abfahrt Heide-Süd, auf die B 5 bis Tönning, dann B 202 bis Garding. Parkplatz rund um die St. Christian-Kirche.

Von der A 7, Abfahrt Rendsburg, zur B 202 in Richtung Friedrichstadt, St. Peter-Ording bis nach Garding. Parkplatz am Marktplatz.

Anfahrt mit der Bahn

Mit IC oder Regionalbahn bis nach Husum, dann mit Regional-Express Husum/St. Peter Ording bis nach Garding. Vom Bahnhof zur B 202, Süderstraße, nach links an der Straße entlang bis zum Fahrradverleih nach Sandwehle.

Fahrrad-Verleih: Nommsen Garding-Sandwehle; an der B 202 in Richtung St. Peter-Ording
Tel: 0 48 62 / 4 57
Mo – Fr 8.00 – 12.00 Uhr und 13.00 – 18.00 Uhr,
Sa, So 8.00 – 12.00 Uhr,
Rad-Rückgabe auch nachmittags möglich.
Parkmöglichkeiten direkt am Verleih. Von dort aus zurück in Richtung Garding. Start der eigentlichen Rundfahrt am Marktplatz mit St. Christian-Kirche.

Wegweiser für die Rastpause

Nach gut der Hälfte der Strecke:
Kirchspielkrug Westerhever

Einst nicht nur Krug, sondern auch Sitzungshaus der Gemeinde Westerhever, die auf Eiderstedt als Kirchspiel bezeichnet wird.
Tel: 0 48 65 / 3 52
15. Februar bis 31. Oktober:
Di – So 9.00 – 21.00 Uhr
(15. Juni bis 1. September kein Ruhetag),
warme Küche: 11.30 – 14.00 Uhr und 17.00 – 20.00 Uhr;
1. November bis 15. Februar: Betriebsferien.

Nach drei Viertel des Weges:
Tümlauer Krog
vorläufig (bis zur Neu-Verpachtung) nur Getränke.
Di – So 13.00 – 15.00 Uhr

Nach der Radtour

In Garding gibt es in der Saison fast ein Dutzend gastronomische Möglichkeiten von Holsteiner Küche bis Schwyzer Rösti. Zwischen November und März empfiehlt sich stets eine Rückfrage in der Tourist-Info von Garding.

Schlag für Schlag durch Stapelholm

Im Kanu auf der Treene von Friedrichstadt nach Schwabstedt

Die dreistündige Paddeltour ist für Wasserfreunde aller Altersklassen geeignet, die die Grachtenstadt Friedrichstadt und die Landschaft Stapelholm aus neuer, ungewöhnlicher Perspektive entdecken wollen.

Es kostet Sie vielleicht ein wenig Überwindung, den Schritt vom festen Boden in das schmale, schaukelnde Kanu zu wagen. Jetzt nur nicht die Balance verlieren! Wenn Sie erst einmal Ihren Platz als Vorder- oder Hintermann eingenommen haben und auch Kinder, Hund oder Picknick-Korb in der Mitte des Bootes gut verstaut sind, kann Sie eigentlich nichts mehr aus dem Gleichgewicht bringen. Nun gilt es nur noch, das Kanu – oder korrekt gesagt den Canadier – in Bewegung zu setzen.

Das Kanu war ursprünglich nur ein ausgehöhlter Baumstamm, der mit einem Paddel vorwärts getrieben wurde. Daraus entwickelte sich später der Canadier, ein Holzboot mit hochgerundeten Steven. Die heutigen Plastik- oder Aluminiumkonstruktionen sind dagegen für zwei, drei und vier Wasserwanderer gebaut.

Am besten paddelt es sich zu zweit – einer links, der andere rechts. Nach Indianer-Art müssten Sie dazu eigentlich auf dem Boden des Canadiers knien. Doch Sie können sich genauso gut auch sitzend fortbewegen, sobald Sie das Paddel mit einer Hand am Griff und mit der anderen Hand am Schaft erfasst haben. Wie einen Spaten stechen Sie Ihren Antriebshebel ins Wasser hinein, ziehen

Das sieht so aus wie in Holland und Holländer waren es auch, die Friedrichstadt zu diesem Kleinod in Schleswig-Holstein machten.

ihn nach hinten durch und heben ihn dann in einem eleganten Bogen über die Wasseroberfläche wieder in die Ausgangsposition zurück.

Während der Vordermann das Boot nur kräftig in Fahrt zu bringen hat, muss der Hintermann beim Paddeln gleichzeitig steuern. Je nachdem, ob Sie das Paddelblatt im Wasser etwas nach links oder nach rechts neigen, dreht sich die Spitze des Canadiers nach rechts oder nach links. Sie können sich mit dem Aluminiumboot auch spielend leicht auf der Stelle drehen oder sogar rückwärts fahren. Wie Sie jedoch richtig und schnell vorwärts kommen, lernen Sie nur durchs Probieren, nicht durch wasserfreies Studieren.

Selbst als Ungeübte müssen Sie allerdings nicht mehr als eine halbe Stunde einplanen, bevor Sie (fast) geradlinig aus dem Wester-Sielzug hinaus in die offene Treene fahren können.

Anfängerfreundlich hat der Fluss hier – kurz vor seiner Mündung in die Eider – die Ausmaße eines Sees angenommen, sodass Sie nicht so leicht irgendwo anecken. Aber inzwischen machen Sie Ihre Paddelbewegung ohnehin längst automatisch und das Boot gleitet wie von selbst schnurgerade über die Wasseroberfläche.

Ganz entspannt können Sie also rechts die wechselnden Wasseransichten der einstigen Holländersiedlung Friedrichstadt genießen.

Schlag auf Schlag geht's mit dem Kanu die Treene runter.

Das Klein-Amsterdam Schleswig-Holsteins wurde 1621 von Herzog Friedrich III. gegründet, der am Zusammenfluss der verkehrsreichen Flüsse Eider und Treene eine neue Handelsmetropole errichten lassen wollte. Um die Stadt auf ein solides Fundament in den Marschengrund zu stellen, baute der weitsichtige Landesfürst auf die Erfahrungen der Holländer. Von der Vielzahl an Privilegien und der Zusicherung der Glaubensfreiheit fühlten sich vor allem Remonstranten angelockt, die wegen ihrer Religion aus Holland flüchten mussten. Sie erbauten eine Grachtenstadt mit rechtwinkliger Straßenanlage und den typischen Backsteinhäusern mit vorgeneigten Treppengiebeln, die bis heute das Bild des Ortszentrums prägen. Eine Handelsmetropole ist das kleine Friedrichstadt, das in seiner Geschichte nie mehr als 3000 Einwohner hatte, allerdings nicht geworden. Doch noch immer gilt hier die religiöse Toleranz der Gründerjahre, sodass fünf verschiedene

Die Seerosen sind auf der Treene keine Seltenheit, sondern bilden fast einen Teppich am Ufer.

Glaubensgemeinschaften problemlos nebeneinander existieren können.

Sobald Sie das Grachtenstädtchen mit seinen vielen Ausflugsschiffen hinter sich gelassen haben, erleben Sie die Treene mit ihrem breiten Schilfgürtel und dem Seerosenteppich aus der Perspektive von Haubentauchern, Stockenten, Blässhühnern und Austernfischern. Gelegentlich schaut eine Kuh oder ein Schaf über den Deich. Doch ansonsten können Sie schnell das Gefühl bekommen, ganz allein zu sein in der Landschaft Stapelholm.

Die Gerichtstätten-Insel, wie dieser Name übersetzt heißen würde, ist das kleeblattförmige Dreistromland zwischen Treene, Eider und Sorge. In der ersten Urkunde um 1260 wurde damit nur das heutige Süderstapel bezeichnet, in dem es eine Gerichtstätte mit eigenem Galgen gab. Heute ist das Dorf an der Eider neben dem Storchendorf Bergenhusen und Friedrichstadt ein zentraler Ort der landwirtschaftlich geprägten Region Stapelholm.

Beinahe lautlos gleitet Ihr Kanu durch die einsame Stille dieser dünn besiedelten Landschaft. Sollten Sie zwischenzeitlich die Lust am Paddeln verlieren, können Sie sich auf der strömungsarmen Treene auch einfach treiben lassen. Nur in der Nähe der Schilfgürtel sollten Sie etwas aufpassen, um die scheuen Wasservögel mit ihrem Nachwuchs nicht zu stören.

Sobald Sie sich jedoch Ihrem Zielort Schwabstedt nähern, sind Ihre Paddelkünste noch einmal gefragt. Mit einigen gezielten Schlägen kommen Sie problemlos zwischen den Brückenpfeilern hindurch. Schon haben Sie zu Ihrer linken Seite das schönste Panorama der traditionsreichen Ortschaft, die zwischen 1268 und 1624 sogar Sitz der Bischöfe von Schleswig war.

Im Schatten der über 800 Jahre alten Feldsteinkirche soll einst aber auch der legendäre Klaus Störtebecker gehaust haben und von hieraus regelmäßig zu neuen Beutezügen gesegelt sein. Anders als der steckbrieflich gesuchte Seeräuber können Sie ganz unbehelligt den kleinen Strand an der Freibadeanstalt ansteuern, dort aussteigen und aus der nahe gelegenen Telefonzelle Ihre glückliche Landung bekanntgeben. Kurze Zeit später werden Sie dann auf dem Landweg zum Ausgangspunkt Ihrer Wasserwanderung zurückgefahren.

Anfahrt mit dem Auto

Von der A 7, Abfahrt Rendsburg, in Richtung B 202 nach Friedrichstadt, St. Peter-Ording. Ortsdurchfahrt auf der Tönninger Straße in Richtung St. Peter-Ording, nach der Treene-Brücke rechts in die Sackgasse zum Parkplatz „Altstadt P1" abbiegen.

Von der A 23 / B 5 in Richtung Husum nach Friedrichstadt. Nach der Ortseinfahrt und der Tankstelle links zum Parkplatz am Wester-Sielzug.

Anfahrt mit der Bahn

Mit der DB auf der Strecke Hamburg-Westerland bis nach Friedrichstadt. Vom Bahnhof die Tönninger Straße in Richtung Innenstadt bis zum Parkplatz vor der Treene-Brücke.

Kanuverleih:
Treibholz Fresendelf Heinz Zufall
Tel: 0 48 84 / 12 12
Inkl. Bootstransport zur Einstiegstelle, Einführung für Anfänger, Rücktransport nach Friedrichstadt.

Wegweiser für die Rastpause nach der Kanutour

In Friedrichstadt gibt es natürlich viele Einkehrmöglichkeiten. Kaffee und Kuchen am Treeneufer oder in kunstvoller Umgebung, Fisch und andere landestypische Spezialitäten unter historischen Dächern.
Sie werden bei einem Bummel entlang der Grachten das für Sie Passende finden.

Eine äußerst lebendige Vergangenheit

Rundgang durch das Landschaftsmuseum Angeln in Unewatt

Für zwei Stunden wird jede Besucherin und jeder Besucher in Unewatt zum Zaungast des modernen Dorfalltags rund um vier Museumsinseln, auf denen die Vergangenheit eines vergessenen Bauerndorfes wieder lebendig wird.

„Unewatt: 320 Hektar groß, davon 250 Hektar Acker, 40 Hektar Wiesen, 20 Hektar Wald, 29 Wohnungen, 162 Erwachsene, 43 Pferde, 266 Rinder, 25 Schafe. Das Dorf liegt in dem anmutigen Tal der Langballigau, die hübsche, von Fremden viel besuchte Gegend ist hügelig und waldig. Eine Reihe von Gewerbetreibenden ist hier ansässig: Schmied, Tischler, Maler, Gastwirt, Kaufmann. Von den Landbesitzungen, von denen die größten 40–50 Hektar groß sind, sind mehrere schon sehr lange in derselben Familie. Außerdem befindet sich hier noch der Stammhof des alten adligen Gutes Unewatthof. Die Nachrichten über dieses Gut weisen zurück bis 1446." So sahen und beschrieben Topografen den kleinen Ort 20 Kilometer südöstlich von Flensburg vor über 90 Jahren. Damals war das Alltagsleben im Dorfe meist hart und sozial selten gerecht, aber doch in altbewährter Ordnung. Sieben Bauern teilten sich die weiten Feld- und Wiesenländereien, hatten ausreichend Arbeit für ihre besitzlosen Nachbarn und das finanzielle Fundament fürs Dorf. Regiert wurde gemeinsam, schrieb ein Dorfbewohner in seinen Erinnerungen.

Das stolze Marxenhaus von Unewatt: Damit es so prächtig überleben konnte, wurde das Landschaftsmuseum Angeln eigens gegründet.

„Im so genannten ‚Club' traf man sich monatlich auf einem der sieben Höfe, ... um ... ‚des Volkes Wohl zu beratschlagen'. Die Töchter und Söhne des gastgebenden Bauern durften festlich gekleidet beim Empfang der Gäste artig mit Knicks und Verbeugung dabei sein, die mitgebrachten Süßigkeiten in Empfang nehmen, um sich danach gleich zur Parzellierung derselben ins Kinderzimmer zurückzuziehen. Für die Erwachsenen begann, im Sommer zumeist nach einem Gang der Männer über die Felder, die Kaffeetafel, nach guter Angeliter Sitte mit viel Torten und wenig Stopfkuchen gespickt. Die Zeremonie endete mit dem Auszug der Frauen, die sich zur Hand-

Schreibt man das Jahr 1999 oder das Jahr 1899?
Wer sich Unewatt von fern her anschaut, darf ins Grübeln kommen.

arbeit und Konversation in ein anderes Zimmer zurückzogen, den Saal den Männern überlassend, damit diese bei ‚Angler Muck' oder Grog mit viel Zigarren ihre beiden Skatrunden ansetzen konnten."

Vom Ortseingang aus betrachtet, werden Sie zunächst kaum einen äußeren Unterschied zu diesen längst vergangenen Zeiten im Tal der Langballigau entdecken.

Doch der Schein trügt. In den 50er und 60er Jahren gab ein Bauer nach dem anderen seinen Hof auf. Mit ihnen verschwanden die Handwerker, der Kaufmann und später auch die jungen Leute aus dem Dorf. Nur die alten Häuser blieben stehen und wären vermutlich zu einem großen Teil längst verfallen, wenn nicht 1990 das älteste Angeliter Bauernhaus am Rande von Unewatt neu erbaut worden wäre. Das so genannte Marxenhaus, das zwischen 1626 und 1825 in Süderbrarup (bei Kappeln) errichtet worden war, musste dort 1980 einem Neubau weichen. Es wurde jedoch fachgerecht in seine Einzelteile zerlegt und eingelagert. Die Suche nach einem neuen Standort für dieses kulturhistorisch wertvolle Fachwerkhaus führte letztlich zur Gründung des Landschaftsmuseums Angeln, das seit 1993 die Geschichte des dörflichen Lebens nördlich der Schlei dokumentiert. Unewatt, das bis heute weder eine Neubausiedlung noch ein modernes Gewerbegebiet hat, bot eine geradezu authentische Umgebung für die vier musealen „Inseln" im Dorf. Vier Gebäude, ohne die das bäuerliche Leben einst nicht denkbar gewesen wäre, wurden originalgetreu restauriert, mit historischem Inventar oder aber mit Hausrat, Fotos und Zeitzeugnissen von anno dazumal ausgestattet.

Mit welchem Komfort die Bauernfamilie Marxen zusammen mit Schweinen, Pferden und Rindern unter einem langgestreckten Reetdach gelebt hat, können Sie sich auf dem ersten dokumentarischen Eiland des Landschaftsmuseums Angeln anschauen. Hier erhalten Sie auch Ihre Eintrittskarte und

Und hier kommt die Butter her! Vom Flüsschen Gru angespornt, wird im Drehbutterfass leckere Milch zu schmackhafter Butter.

ein detalliertes Faltblatt für den Rundgang, der Sie zunächst an Bauernhäusern aus dem 18. und 19. Jahrhundert vorbeiführt. In diesen historischen Gemäuern, die mit viel Liebe zum alten Detail saniert wurden, leben heute nicht mehr nur alteingesessene Unewatter, sondern auch zugezogene Berufspendler. Auf Ihrem kopfsteingepflasterten Weg zur zweiten Museumsinsel werden

Von diesem sehr schön restaurierten Galerie-Holländer reicht der Blick bis weit ins Angeliter Hügelland.

Sie zugleich die backsteinernen Restgebäude der ehemaligen Stellmacherei und Teile der dazugehörigen Sägeanlage entdecken. Kaum haben Sie dann das rosafarbene Wohnhaus eines ehemaligen Bauernhofes bewundert, lenkt der grüne Museumswegweiser Ihre Schritte zu einer ungewöhnlichen Wassermühle.

Mit dem aufgestauten Flüsschen Gru wird ein Mühlrad angetrieben, das ein hölzernes Drehbutterfass zum Rotieren bringt. Als die Bauern jedoch 1887 in Unewatt – nach dem Vorbild anderer Dörfer – eine Genossenschaftsmeierei gründeten, geriet diese alte Buttermühle lange Zeit in Vergessenheit. Doch wenn Sie sich das wieder aufgebaute Milchwirtschaftshaus anschauen, werden Sie hier zugleich erfahren, wie nach 1887 in Unewatt Butter gemacht und bis nach Sachsen ausgeliefert wurde.

Auch die klassische Windmühle des Dorfes sollten Sie natürlich nicht nur von Ferne betrachten. Schon die Aussicht über das Angeliter Hügelland lohnt den Abstecher zu diesem restaurierten Galerieholländer von 1878, der jedoch heute nur noch zu besonderen Anlässen in Bewegung gesetzt wird. Dann spazieren Sie die Mühlenstraße wieder zurück bis zum zentralen und zugleich tiefsten Punkt von Unewatt, an dem zur Reichsgründung 1871 eine Friedenseiche gepflanzt wurde. Das Gasthaus steht dagegen schon seit etwa 200 Jahren im Mittelpunkt des Dorfes, von dem Sie auf markierten Wegen zur vierten Museumsinsel wandern.

Hier grunzen Ihnen zur Begrüßung quieklebendige Zeugen der bäuerlichen Regionalgeschichte entgegen. Wie in „alten Zeiten" suhlen sich noch heute Angeliter Sattelschweine ungeniert vor der Christensenscheune. Die historischen Pflüge, Traktoren und Mähdrescher stehen dagegen blankpoliert und trocken unter dem hohen Scheunendach, wo Sie auch fotografische Erinnerungen an das Unewatt von anno dazumal zu sehen bekommen.

Wenn Sie dann dem grün beschilderten Schleichpfad folgen, sind Sie binnen weniger Minuten wieder am Marxenhaus und damit am Ausgangspunkt Ihrer dorfgeschichtlichen Rundwanderung.

Anfahrt mit dem Auto

Von der A 7, Abfahrt Flensburg oder Flensburg-Harrislee, auf die B 199 (Ausschilderung Glücksburg folgen), dann auf der Bundesstraße bis zum Abzweig links nach Unewatt, Parkplatz rechts vor dem Ortseingang.

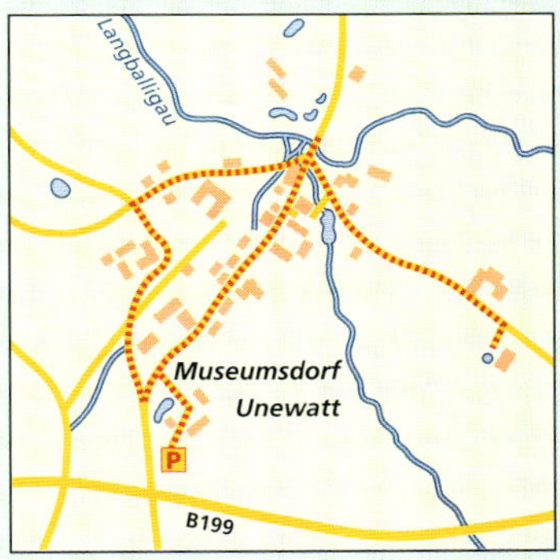

Wegweiser für die Rastpause nach dem Spaziergang

Gasthaus Unewatt

Historischer Dorfkrug mit Mobiliar aus Urgroßmutters Zeiten und einer ländlich-traditionellen Speisekarte, auf der stets ein Gericht vom Angeliter Sattelschwein zu finden ist.
Tel: 0 46 36 / 17 55
April und Oktober: Di – Do 17.30 – 21.30 Uhr, Fr – So 11.00 – 21.30 Uhr, Mo Ruhetag.
Mai bis September:
Di – So 11.00 – 21.30 Uhr,
Mo Ruhetag.
November bis Januar und März: Mi – Sa 17.30 – 21.30 Uhr,
So 11.00 – 21.30 Uhr,
Mo, Di Ruhetag.
Februar: Betriebsferien.

Landschaftsmuseum
Angeln/Unewatt
Tel: 0 46 36 / 10 21
Mai bis September:
Di – So 10.00 – 17.00 Uhr;
April und Oktober:
Fr – So 10.00 – 17.00 Uhr;
November bis März
geschlossen.

Erholsame Bergwanderung auf norddeutsche Art

Rundweg von Oeversee durch die Fröruper Berge

Der dreistündige Ausflug in die „Bergwelt" des nördlichen Schleswig-Holsteins wird niemanden ins Schwitzen bringen, auch wenn es dabei die letzten Höhen vom Angeliter Hügelland zu überwinden gilt, die bis an das Tal der Treene heranreichen.

Von alters her baute man Dorfkirchen meist auf einem Hügel, damit selbst abseits wohnende Bauernfamilien sie nicht verfehlen konnten. Auch die kleine St. Georg-Kirche von Oeversee steht auf einer – unauffällig kleinen – Anhöhe und bietet Ihnen Gelegenheit für den ersten Fernblick in die Fröruper Berge. Ob allerdings das Waldgebiet südöstlich (links) vom Dorf so ganz Ihren Vorstellungen von Bergen entspricht, sei dahingestellt. Überraschende Entdeckungen können Sie eher bei einem Besuch in der Kirche oder beim Rundgang drumherum machen.

Foto: Mai

Verteidigungsbereit: die Feldsteinkirche von Oeversee mit ihrem mächtigen Rundturm.

Die romanische Feldsteinkirche wurde Ende des 12. Jahrhunderts an einem wichtigen Knotenpunkt des alten Ochsenweges erbaut.

Auf dieser Straße, die als Heerweg vermutlich schon in der Steinzeit entstand, marschierten Soldaten, Händler, Pilger und später auch Ochsentreiber von Dänemark in Richtung Hamburg. Direkt am Kirchhügel lag die Abzweigung zum Stapelholmer Weg, auf dem der recht lebhafte Verkehr bis zum Wikingerhafen Hollingstedt und bis nach Tönning am Nordseeufer möglich war. Aus Angst vor gewaltsamen Zusammenstößen an der Wegekreuzung wurde hier eine massive Wehrkirche mit rundem Schutzturm errichtet, der bis heute fast originalgetreu erhalten ist. Die einzige Schlacht, die rund um Oeversee urkundlich belegt wurde, fand jedoch erst im 19. Jahrhundert statt. Im Verlauf des 2. Deutsch-Dänischen Krieges kam es am 6. Februar 1864 nördlich vom Dorf zu einem

Gefecht zwischen den fliehenden dänischen Truppen und österreichischen Verbündeten der Preußen. Berühmt geworden ist jedoch nicht die Schlacht, sondern der danach einsetzende „Marsch nach Oeversee". Aus dem nahe gelegenen Flensburg kamen Bürger mit Hilfsgütern, um den wenigen Dorfbewohnern bei der Versorgung der vielen Verwundeten zu helfen.

Neben einem Denkmal für die Schlacht von 1864 werden Sie vielleicht auf dem Friedhof noch zwei berühmte Grabsteine entdecken, bevor Sie zur Wanderung aufbrechen und an der alten B 76 dem Verlauf des Ochsenweges nach Süden folgen. So wie früher die Ochsentreiber mit ihren Herden wandern Sie am historischen Krug vorbei, in dem Viehhändler und Reisende schon seit 1519 Rast machen konnten.

Ein Privileg des dänischen Königs schützte die Wirtsleute seit dem 17. Jahrhundert vor der Einquartierung von Soldaten. Es hinderte sie jedoch nicht daran, nach der Schlacht von 1864 das Gasthaus in ein Lazarett zu verwandeln und sowohl dänische als auch österreichische Soldaten mit frischer Suppe wieder gesund zu pflegen. Eine Vielzahl historischer Dokumente und Waffen schmückt heute die Gasträume.

Sobald Sie links einen Wegweiser nach Augaard sehen, biegen Sie in den Krokamp ein und müssen nur noch das

Der historische Krug in Oeversee – nach einem Brand originalgetreu restauriert, sodass man heute noch so speist wie Reisende anno 1519.

kleine Industriegebiet durchqueren, bevor Sie das Dorf endgültig hinter sich gelassen haben. Wenn Sie dann in Richtung Großsolt am Naturkindergarten vorbeispaziert sind, laufen Sie nach rechts geradewegs in die Fröruper Berge hinein.

Auf und ab geht es durch diese letzten Ausläufer der Angeliter Endmoränenlandschaft, ohne dass Sie auch nach der Linkskurve mehr als 60 Meter in die Höhe steigen müssen. Völlig unerwartet klafft jedoch plötzlich ein Loch in dem dichten Wald und Sie spazieren am Rande einer ehemaligen Kieskuhle entlang.

Für den Bau des Hindenburgdamms zur Insel Sylt waren in den 20er Jahren unvorstellbare Sandberge nötig, sodass selbst in den Fröruper Bergen eine große Kieskuhle angelegt wurde. Auf einem kleinen Lorendamm wurden Sand und auch Findlingssteine bis zur nächsten Bahnstation nach Tarp und von dort auf der Schiene bis zur Westküste transportiert.

Vom Parkplatz wandern Sie nach links den Rand des grünen Kraters hinauf, bis Sie am oberen Ende nach rechts wieder in den Wald hinein laufen können. Auch wenn das Dickicht aus Bäumen und Unterholz sehr ursprünglich scheinen mag, so gibt es hier doch eine kleine Treppe, von der Sie nach rechts zur Schutzhütte der Waldjugend und dann zur nächsten Waldkreuzung gelangen. Dem Lauf der kleinen Au folgend, biegen Sie nach rechts ab und verlassen nach der Hälfte des Weges das bewaldete Bergland. Auf asphaltiertem Weg spazieren Sie nun nach rechts am Wiesenrand entlang quer durch die grüne Weite, bis das weiße Kreuz für den Europäischen Fernwanderweg und das Symbol für „Fahrrad-Ochsenweg" Ihre Schritte nach links lenken. Außer land- und forstwirtschaftlichem Verkehr sind hier nur Unmotorisierte zugelassen. So können Sie meist ungestört dem Knick der kleinen Au nach links ins Eichengehölz folgen, bevor Sie für kurze Zeit den Straßenlärm der alten B 76 ertragen müssen. Doch sobald Sie die Landstraße mit einem Blick zum Grab- und Gerichtshügel Tinghuy überquert haben, wandern Sie auf dem verkehrsberuhigten „Fahrrad-Ochsenweg" der Treene entgegen.

Das hier noch schmale Flüsschen entspringt nur wenige Kilometer nordwestlich von Oeversee im Tresssee und fließt 40 Kilometer gen Süden, bevor es in der Land-

Skandinavien? Nein! Eine eiszeitliche Landschaft in den Fröruper Bergen. Foto: Mai

schaft nach Westen abknickt und bei Friedrichstadt in die Eider mündet. „Treene" klingt traurig, doch der namentliche Ursprung liegt vermutlich im dänischen „Trae-Aa", was so viel heißt wie „Baum-Fluss" und als ein Hinweis auf den früheren Waldreichtum der Umgebung gedeutet werden darf.

Entgegengesetzt zum Lauf der Treene wandern Sie wieder in Richtung Oeversee. Wenn Sie sich an der nächsten Kreuzung rechts halten, laufen sie an den Flusswindungen entlang geradewegs in die Straße „An der Treene". Am bebauten Ufer kommen Sie allerdings nur bis Bäckerweg, wo Sie dann nach rechts zur alten B 76 abbiegen müssen. Dort weist Ihnen links der Mühlenweg den weiteren Verlauf des Rundweges.

So kommen Sie an der Fröruper Mühle vorbei wieder auf den Stapelholmer Weg. Nach dem Gasthaus Frörup können Sie am Quellenweg entscheiden, ob Sie weiter quer durch das Grossdorf Oeversee oder lieber noch ein Stück der Treene entlanglaufen wollen. Sobald der Uferweg zu Ende ist, müssen Sie allerdings wieder auf den Stapelholmer Weg zurückkehren und ihn nach rechts bis zu seinem Ende an der Kirche gehen.

Anfahrt mit dem Auto

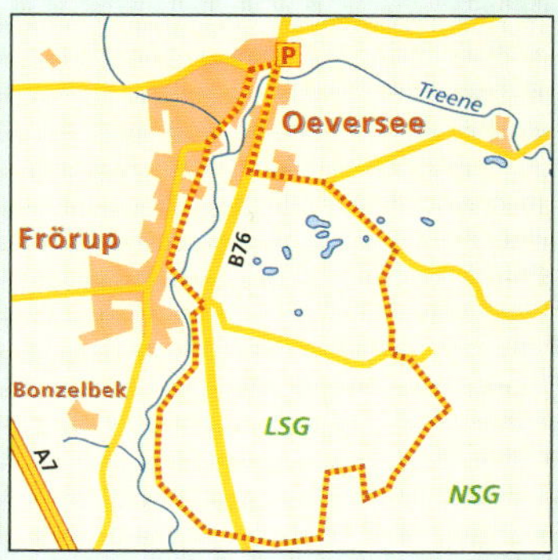

Von der A 7, Abfahrt Tarp, zur ehemaligen B 76, dann in Richtung Flensburg bis nach Oeversee. Ausgeschilderte Ortseinfahrt links in den Stapelholmer Weg, nur ca. 50 m weiter nach rechts zum Parkplatz an der Kirche.

Von Flensburg auf der ehemaligen B 76 in Richtung Schleswig bis nach Oeversee, nach der eigentlichen Ortseinfahrt rechts auf den Parkplatz.

Wegweiser für die Rastpause nach dem Spaziergang

In Oeversee: ***Historischer Krug***
Tel: 0 46 30 / 94 00
Täglich 11.00 – 14.30 Uhr und 18.00 – 22.30 Uhr warme Küche, 15.00 – 18.00 Uhr Kaffee und Kuchen.

Im Drei-Wasser-Eck zwischen Noor, Schlei und Ostsee

Einmal rund um das „Inseldorf" Maasholm

In gerade mal zwei Stunden lässt sich nicht nur die kurze Entfernung zwischen einem idyllischen Haff und dem rauhen Ostseeufer ausmessen, sondern auch ein Landzipfel an der Schleimündung umrunden, auf dem einst Seefahrer, Fischer und Küstenbewohner Zuflucht vor den Urgewalten des Meeres gesucht haben.

Spuren verblichener Gischtkronen, Seetang und zerbrochene Holzteile schmücken Steinwall und Schilfbüschel am Ufer des Wormshöfter Noor. Selbst in diese geschützte Ausbuchtung an der Schleimündung brandet das nahe Meer hinein.

Eine leichte Ostseebrise weht Ihnen hier auch bei schönstem Wetter um die Nase, sobald Sie vom Parkplatz zum Noor-Ufer gegangen sind. Der Rundweg beginnt dort, wo auch die Surfer starten dürfen, die das große Haff als kleines Paradies für sich entdeckt haben. Einige hundert Meter müssen Sie allerdings am Ufer entlang wandern, bevor Sie aus dem Wormshöfter Noor hinaus in die breite Schlei schauen können.

Erst hier, westlich von Maasholm, verbreitert sich die Schlei und erreicht vor ihrer Mündung in die Ostsee eine Ausdehnung von dreieinhalb Kilometern. Eigentlich gilt sie jedoch als die schmalste und zugleich längste aller Ostsee-Förden in Schleswig-Holstein. 43 Kilometer weit schlängelt sie sich bis Schleswig in südwestlicher Richtung durch ein eiszeitlich überformtes Hügelland und trennt die Landschaft Angeln im Norden von der Landschaft Schwansen im Süden.

An ihrem Ende haben die Wikinger einst ihre berühmte Siedlung Haithabu errichtet und dem flachen Meeresarm vermutlich auch seinen Namen gegeben. In ihrer damaligen Sprache, dem Altnordischen, hieß Schlei so viel wie schleimiges, schlammiges Wasser. Riffwanderungen und Sandablagerungen ließen die Schleimündung immer mehr versanden, sodass die Fahrrinne für Schiffe eines Tages unpassierbar wurde. Zwischen 1780 und 1796 haben Küstenbewohner durch die Sandwälle das nur 150 Meter breite Tor von Schleimünde gegraben und mit Steinmolen gesichert. Doch bis heute muss die Einfahrt zu der beliebten Wasserstraße von Zeit zu Zeit ausgebaggert werden. Zum reizvollen Landschaftsbild der Schlei gehören auch die flachen Haffs, die seit der dänischen Vorherrschaft in dieser Region „Noor" genannt werden.

Das Paradies der Surfer heißt „Wormshöfter Noor".

Von Möwen begleitet, spazieren Sie bis zum Ortsteil Exhöft um das Wormshöfter Noor herum. Eine kleine Treppe erleichtert es Ihnen, die Landstraße zu überqueren und auf den „Wanderweg zum Hegeberg" zu gelangen. Dabei sollte es Sie nicht irritieren, dass die schmale Plattenstraße gleichzeitig als „Privatweg zum Klärwerk" ausgewiesen ist. Im Schutz der Bäume und mit der stetigen Ostseebrise in der Nase werden Sie kaum etwas bemerken, wenn Sie links an der kleinen Anlage vorbei in die weitläufige Wiesenlandschaft hineinspazieren. Einige hundert Meter weiter geht es nach rechts auf einen asphaltierten Damm und schon streben Sie dem nächsten landschaftlichen Höhepunkt entgegen.

Weithin sichtbar ragt der so genannte Hegeberg zwischen den flachen Koppeln empor. Haben Sie diese Anhöhe erklommen, stehen Sie auf dem gleichen geografischen Längengrad wie die Nordafrikaner in Tunis, der Hauptstadt Tunesiens. Eine vergleichbare exotische Atmosphäre wird Ihnen allerdings nicht geboten. Dafür aber das einzigartige norddeutsche Gepräge einer Küstenlandschaft, wenn Sie auf den bereitstehenden Bänken Platz nehmen und Ihren Blick über die breiteste Stelle der Schlei schweifen lassen. Von Schleimünde zur Lotseninsel und weiter bis zur Halbinsel Oehe zieht sich eine unverkennbar nordische Silhouette am Horizont entlang. Leuchtturm, Lotsenstation, Windrad und zwei einsame windzerzauste Baumgruppen ragen in dunstiger Ferne auf der schmalen Landbastion vor dem Meer heraus. Dort, wo Ostsee, Lotseninsel und die Halbinsel Oehe aufeinander treffen, steht ein kleines Blockhaus und markiert weithin sichtbar den Eingang zum Naturschutzgebiet „Vogelfreistätte Oehe-Schleimünde".

Die unbewohnte Lotseninsel und die umliegenden Uferwiesen sind ein beliebter Brutplatz für Seeschwalben, Austernfischer, für Höckerschwäne wie für große Möwenkolonien. Zugvögel wie der Alpenstrandläufer, Säbelschnäbler und eine Vielzahl verschiedener Enten- und Gänsearten schätzen das Eiland an der Schleimündung dagegen als gut gefüllte Speisekammer. „Spiskammer" wurde die Lotseninsel einst auch von den Einheimischen genannt, die früher hier die als Delikatesse bekannten Möweneier sammeln gingen.

1953 wurde die Vogelsiedlung Oehe-Schleimünde unter Schutz gestellt. Der Vogelschutzverein Jordsand begann jedoch schon in den 20er Jahren, den Bestand der Brut- und Rastvögel regelmäßig zu kontrollieren und zu dokumentieren.

Den Deichspaziergang zum Blockhaus der Vogelwärter sollten Sie sich natürlich nicht vorenthalten, denn am Ende lockt der weite Ausblick auf das Meer.

Quer durch die geschützten Uferwiesen wandern Sie dann auf gleichem Weg wieder zurück bis zum Hegeberg und weiter, am Pumpwerk Oehe vorbei, in Richtung Maasholm. Auf dem Asphaltwall spazieren Sie um das Dorf herum bis zum modernen Yachthafen, wo Sie von einer – ganz maritim – vollbusigen Gallionsfigur begrüßt werden.

An solchen „Kahnstellen" vertäuten die Fischer ihr Boot, damit sie rasch in die Kirche eilen konnten.

Sie verweist auf den Panoramablick über die Schlei-Mündung und erinnert Sie zugleich an die jahrhundertealten Seefahrer-Traditionen von Maasholm. Schon die Wikinger sollen den kleinen Landzipfel als Stützpunkt auf ihrem Weg nach Haithabu benutzt haben.

Reeder und Seefahrer gründeten in späterer Zeit eine richtige Hafen-Siedlung, von der aus sie die Produkte der umliegenen Güter verschiffen konnten. Das heutige Maasholm ist allerdings schon der dritte Ort an dieser Stelle der Schleimündung. Nach mehreren Sturmfluten verlagerten die Seeleute ihre Häuser 1701 auf die „Maas", das „auf dem Hügel gelegene Land".

Seit die Dänen 1865 den Landesteil Schleswig, also auch Maasholm, an die Preußen abgeben mussten, kamen immer mehr Fischer zum Ostsee- oder Schlei-Fischfang in das Dorf und siedelten sich gleichzeitig hier an. Inzwischen gehört der Maasholmer Hafen jedoch längst den Sportbootkapitänen.

Einige Berufsfischer können Sie jedoch heute noch im Fischereihafen auf ihren Schiffen beobachten, wenn Sie am Schleiufer entlang zum Dorfzentrum spazieren. Links vom denkmalgeschützten Rettungsschuppen führt Sie ein Wegweiser dann „de Maas rund", zum historischen Hafenufer.

Von rechts kommt sie, die Schlei, und mündet in die Ostsee.

Bis 1936 vertäuten die Fischer hier ihre kleineren Boote an den so genannten Kahnstellen, gingen festen Schrittes zur Petri-Kirche und baten um Schutz und Beistand für den nächsten Fang.

Sie haben jetzt das Ufer des Wormshöfter Noor erreicht, an dem Sie bis zum Ausgangspunkt Ihres Weges entlanglaufen können – und sind rund ums „Inseldorf" Maasholm.

Anfahrt mit dem Auto

Von der A 7, Abfahrt Schleswig-Schuby, auf die B 201 nach Süderbrarup und Kappeln, in Kappeln Abzweig auf die B 199 in Richtung Gelting und Flensburg, nach 6 km rechts Abzweig nach Maasholm.
Großer Parkplatz mit WC am Ortseingang links. (In Maasholm-Dorf gibt es ansonsten nur begrenzt Kurzzeitparkplätze für max. 30 Minuten).

Von Eckernförde auf der B 203 nach Kappeln, dann B 199 in Richtung Gelting bis zum Abzweig nach Maasholm. 5 km bis zum Parkplatz am Ortseingang.

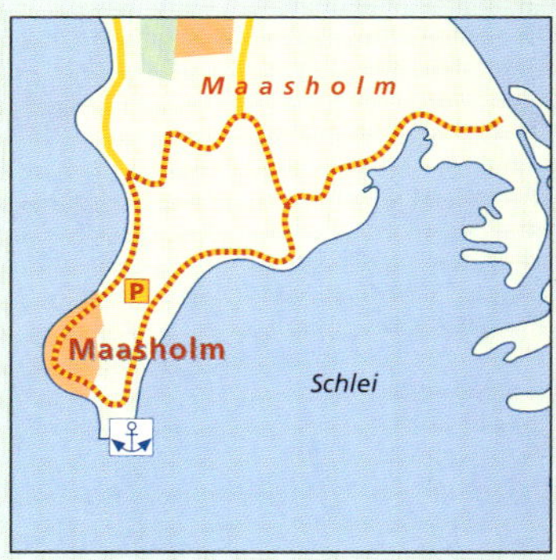

Wegweiser für die Rastpause nach dem Spaziergang

Ob rustikale Fischerstube, flotte Seglerklause, maritimes Café oder Panorama-Restaurant am Ufer der Schlei – in Maasholm wird keiner verhungern, wenn er sich entscheiden kann.

Entlang der großen dänischen Mauer

Spaziergang auf dem Danewerk

An diesem dreistündigen Spazierweg haben dänische Könige seit dem 7. Jahrhundert gewirkt, ohne zu ahnen, dass sie bis ins dritte Jahrtausend eine einmalige Wallpromenade quer durch die Schleswiger Landenge hinterlassen werden.

Was aus großer Ferne noch wie ein bewaldeter Moränenhügel aussieht, ähnelt aus nächster Nähe eher einem Knick. Doch für solch eine Wallhecke, die Wiesen und Äcker voneinander trennen soll, ist der etwa fünf Meter aufragende Erdhügel merkwürdig hoch und dicht belaubt. Der Form nach könnte der Damm ebenso gut ein ungewöhnlich hohes Hügelgrab sein, wenn er sich nicht so unendlich in die Länge ziehen würde. Die Auflösung?

Sie müssen vor dem Spaziergang nur einen Rundgang durch die Geschichte des Danewerkes machen, die im Danevirkegården multimedial vorgestellt wird. Schon steigen Sie mit wissendem Blick die Stufen zum längsten Freilichtmuseum Schleswig-Holsteins hinauf.

Auf den 14 Kilometern zwischen der Schlei im Osten und der Treene im Westen sind bis heute die Ruinen des Danewerks fast durchgängig sichtbar. Zusammen mit Überresten des südlich vorgelagerten Kograbens und des Ostwalls von der Schlei bis zum Windebyer Noor (bei Eckernförde) sind etwa zwei Drittel des ehemals 30 Kilometer langen Grenzwalls zwischen Skandinavien und Mitteleuropa erhalten. Um 650 begannen die Dänen die Grenzen ihres entstehenden Reiches gegen allzu eroberungsfreudige Nachbarn zu sichern. Knapp ein halbes Jahrhundert später entstand die erste durchgehende Landsperre zwischen Nord- und Ostsee. Im 10. Jahrhundert erneuerte der legendäre König Harald Blauzahn das strategisch wichtige Verteidigungsbollwerk, doch erst Ende des 12. Jahrhunderts begann die letzte große Bauphase, die das Danewerk endgültig zum bleibenden Symbol für das mittelalterliche Dänemark werden ließ.

Wie auf einem Deich spazieren Sie hoch oben zwischen beweideten Wiesen und bestellten Feldern hindurch, blicken nach Süden bis zum Bundeswehr-Flugplatz Jagel und nach Norden auf Dannewerker Bauernhöfe. Doch wenn Sie dem ausgewiesenen Seitenpfad nach links folgen, stoßen Sie unerwartet auf verborgene Spuren der mittelalterlichen Vergangenheit.

Zeichnung: Pollak

So sah die Waldemarsmauer in ihrer späten Zeit um das Jahr 1180 aus.

Unter dem dicken Erdmantel kommt eine verwitterte Mauer aus roten Backsteinen zum Vorschein, die einst Teil der so genannten Waldemarsmauer war. Unter König Waldemar entstand im 12. Jahrhundert das monumentalste Danewerk aller Zeiten. Im Laufe von 20 Jahren wurde der Hauptwall 6 Meter hoch und 30 Meter breit aufgeschüttet.

Nach Süden ließ König Waldemar das Erdbollwerk mit einer vier Kilometer langen Ziegelsteinmauer verstärken, die zwei Meter breit, sieben Meter hoch und mit einem hölzernen Wehrgang besetzt gewesen sein soll. Waldemar der Große setzte sich und seinem Reich damit ein Denkmal, das nach 1250 zum Baumateriallager für die umliegenden Ortschaften zweckentfremdet wurde und noch um 1700 Ziegelsteine für den Neubau von Schloss Gottorf lieferte.

Wieder zurückgekehrt auf der Wallkrone, wandern Sie treppauf und treppab auf dem Danewerk entlang, das die Dänen auch im 19. Jahrhundert vor ihren deutschen Nachbarn schützen sollte. Die legendäre Schanze XVI. können Sie gar nicht übersehen, sobald Sie aus den Hecken und Büschen hinaus auf den grasbewachsenen Damm spazieren.

Auf dem umgestalteten Hauptwall, der nach Süden steil abfällt und mit einem breiten Graben und einem Vorwall geschützt ist, standen 1864 sieben Kanonen. Das dänische Heer hatte sich jedoch kampflos vor der Übermacht der Preußen und ihrer Alliierten nach Norden zurückgezogen. Im Zweiten Weltkrieg wurde das Danewerk noch einmal als militärisches Bollwerk – diesmal in entgegengesetzter Richtung – ausgebaut. Seit 1945 ist der fast 1400 Jahre alte Verteidigungswall das größte archäologische Bodendenkmal Nordeuropas.

Sobald Sie von der Schanze XVI. hinuntergestiegen sind, überqueren Sie die Straße „Margarethenwall“ und spazieren auf dem Feldweg südlich vor dem Danewerk entlang. So haben Sie Gelegenheit, die einzigartige Wall-Konstruktion frontal zu betrachten.

Bis zum Anfang des 20. Jahrhunderts wurde die Dänenmauer stets Thyra-Wall genannt. Königin Thyra, die Mutter von Harald Blauzahn, soll im 10. Jahrhundert das Bollwerk gemeinsam mit hilfreichen Geistern errichtet haben, um einer Heirat mit dem deutschen Kaiser zu entgehen. Seitdem gilt Thyra als Beschützerin des Walls. Der Sage nach reitet sie jede Nacht auf einem Schimmel über das Danewerk. Gleiches wird auch von der „schwarzen Margarethe“, Margarethe Sambiria, erzählt. Die Ehefrau des Dänenkönigs Christopher I. hatte jedoch auch keine nachweisbare Bedeutung für das Bauwerk. Trotzdem werden Teile des Danewerks noch immer als „Margarethenwall“ erwähnt.

Sollte Ihnen der Weg irgendwann zu lang oder zu einsam erscheinen, können Sie natürlich jederzeit umkehren. Doch es lohnt sich, der asphaltierten Landstraße durch den nächsten Walldurchbruch zu folgen und dann ein Stück an der Nordseite des Danewerks entlangzuspazieren.

Einem überdimensionalen Walrossrücken gleich, liegen die erhaltenen Teile des baumlosen Erdwalls inmitten der platten Niederung der Rheider Au.

Eine typische Straßenszene aus dem Jahr 1000. Nicht anders sah es damals hinterm Danewerk aus, als man es noch respektvoll „Thyrawall“ nannte. Zeichnung: Pollak

So können Sie wieder auf dem Rücken des Danewerkes entlanglaufen, bevor ein Feldweg im leichten Bogen den ursprünglichen Verlauf des Bollwerkes ersetzt.

Hier hat das ansonsten schnurgerade Bollwerk einen Knick. Wenn Sie danach den nur noch knapp zwei Meter hohen Damm besteigen, stehen Sie nachweislich auf dem ältesten Teil des Danewerks, das schon um das Jahr 650 auf einer Länge von sieben bis zehn Kilometer aufgeschüttet wurde. Sie werden auch kaum eine bessere Aussichtsposition finden, von der Sie solch einen imposanten Ausblick auf den Verlauf des Dänenwalls quer durch das weite, grüne Marschland haben.

Ob Sie auf der so genannten Krummmauer noch weitergehen oder nach etwa anderthalb Stunden jetzt in entgegengesetzter Richtung zurückwandern, langweilig muss Ihnen dabei nicht werden. Nicht nur am Danewerk, sondern auch im bäuerlichen Umland können Sie so manch Interessantes noch entdecken.

Anfahrt mit dem Auto

Von der A 7, Abfahrt Schleswig-Jagel, nach links in Richtung Dannewerk. Nicht der Ausschilderung zum Dorf, sondern erst dem nächsten Abzweig rechts in Richtung Schuby mit grünem Hinweisschild zur Waldemarsmauer/Thyraburg folgen; nach der Ortseinfahrt Parkplatz links am Danevirke-Museum.

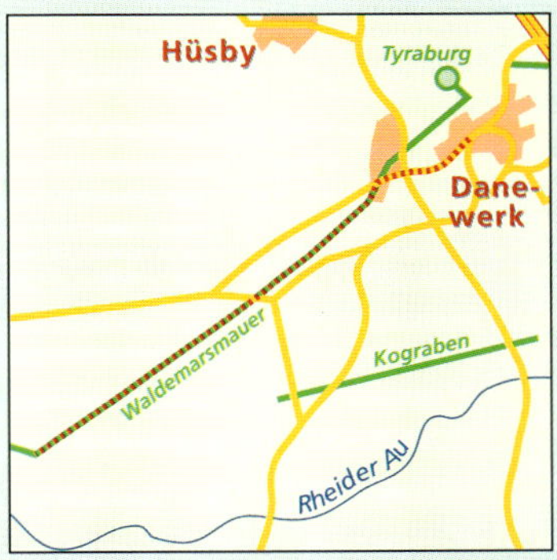

Wegweiser für die Rastpause nach dem Spaziergang

Rothenkrug
Kaffee und Kuchen oder frischen Fisch an der Waldemarsmauer in einem historischen Landgasthof am alten Ochsenweg.
Tel: 0 46 21 / 93 49 87
Täglich 10.00 – 22.00 Uhr, warme Küche 11.00 – 14.00 Uhr und 18.00 – 22.00 Uhr.

Danevirkegården-Museum am Danewerk
Tel: 0 46 21 / 3 78 14
15. Februar bis 30. November.
15. Februar bis 25. März und 26. Oktober bis 30. November:
Di – So 10.00 – 16.00 Uhr;
26. März bis 25. Oktober:
Di – Fr 9.00 – 17.00 Uhr,
Sa, So 10.00 – 18.00 Uhr.

... und immer wieder kommt ein Knick

Im Naturpark „Hüttener Berge"

Nach diesen drei Stunden wird niemand mehr bezweifeln, dass sogar in der typisch schleswig-holsteinischen Knicklandschaft Wasser, Wald und (kleine) Berge dicht beieinander liegen können.

Nur etwa 15 Minuten von der endlosen Blechlawine auf der A 7 entfernt laufen Sie in aller Gemächlichkeit durch das Dorf Bistensee, bis zu seinem Ortsausgang in Richtung Ahlefeld. Nach der Bushaltestelle gehen Sie links die Auffahrt zum Feld hinauf und spazieren dann an der Hecke ganz gemächlich dem Bistensee entgegen.

Umschlossen von den Duvenstedter Bergen im Süden und den Hüttener Bergen im Norden liegt der anderthalb Quadratkilometer große See mitten im nördlichsten Naturpark der Bundesrepublik. 1971 wurde die Wiesen-, Wald- und Seenlandschaft zwischen Schlei, Eckernförder Bucht und Nord-Ostsee-Kanal zum Naturpark „Hüttener Berge" erklärt. Mit einer Gesamtfläche von 220 Quadratkilometern ist das geschützte Naherholungsgebiet wesentlich größer als die gleichnamige Endmoräne, die mit ihren bewaldeten Höhen rund um den 106 Meter hohen Scheelsberg manchmal auch „Kleiner Harz" genannt wird.

Der Name „Hütten" hat seinen Ursprung in eiszeitlichen Ablagerungen von reinen Quarzsanden, die Rohmaterial für die Glasherstellung sind. Daher hatten sich hier in früherer Zeit viele Glashütten angesiedelt, die vom Waldreichtum der Umgebung profitierten. Die heutige Feld- und Wiesenlandschaft ist daher auch nur noch mit kleinen Restwäldern durchsetzt.

So wildromantisch ist es im Naturpark Hüttener Berge. *Foto: Eicke*

Durch einen wildromantischen Erlengrund wandern Sie an den Schilfgärten des Bistensees entlang und blicken dabei hinaus auf die vom Winde durchpflügte Wasseroberfläche, auf der sich stets Enten und Gänse tummeln. Über ein verwaistes Volleyball-Feld kommen Sie in einen Buchenhain.

Im reetgedeckten Töpferhaus am Bistensee finden Sie vielleicht ein Andenken an den Naturpark „Hüttener Berge". Foto: Wandmacher

Der herrliche Hain gibt einen Panoramablick über den gesamten See frei und kann durchaus zum Schauplatz für manche Sommerromanze werden. Selbst zwei Buchen verliebten sich hier ineinander und wuchsen eng umschlungen in den Himmel.

Ganz ohne natürliche Reize ist auch der Buchenmischwald nicht, in den Sie durch zwei Gatter geradewegs hineinspazieren.

Von Ihrem Waldpfad sollten Sie sich an einer Bank nicht abbringen lassen und erst nach links abbiegen, wenn Ihnen eine betonierte Spur den Weg über eine Koppel in den nächsten Forstabschnitt weist. Die nächste Abzweigung nach links zeigt das rote Schild mit einem weißen Boot, die alte Markierung für den Rundwanderweg, die allerdings nur selten zu sehen ist. Parallel zum entfernten Seeufer wandern Sie weiter, bis Ihnen ein Koppelzaun nur noch den Ausweg nach rechts zur Landstraße offen lässt. Damit Sie nicht länger als nötig nach links an der Landstraße entlanglaufen müssen, sollten Sie bei der nächsten Gelegenheit noch einmal nach links abbiegen und durch die kleine Siedlung in Ufernähe weiterwandern. Ein Sackgassenschild weist Sie allerdings rechtzeitig darauf hin, dass Sie am letzten Haus nicht weiterkommen. Daher müssen Sie rechts zur Landstraße zurück und nach links den Weg mit einigen Autos teilen, bis die Abzweigung „Töpferhaus" in Sicht ist.

Gemeint ist damit heute ein Seehotel. Das eigentliche Töpferhaus ist eine Fachwerkkate von 1752, in der eine Töpferwerkstatt eingerichtet ist.

Auf der kleinen Asphaltstraße wandern Sie in Richtung Holzbunge. Sobald Sie jedoch den Waldrand erreicht haben, sollten Sie den steilen Aufstieg nach rechts nicht scheuen, der an einer Eiche etwas unauffällig mit einem weißen Pfeil markiert ist und Sie in die Duvenstedter Berge hineinführt. Oben angekommen, müssen Sie nach dem Strommast Nummer 8 nur noch nach links abbiegen und Ihre Mühen werden mit einem imposanten Rundblick auf den See und die weite Knicklandschaft rundherum belohnt.

Knickwälle sind seit dem Ende des 18. Jahrhunderts typisch für die schleswig-holsteinische Landschaft. Im dänischen Gesamtstaat wurden damals die alten Feldgemeinschaften und Flurzwänge aufgehoben. Jeder Bauer bekam sein eigenes Stück Land zugewiesen, musste es aber mit „lebendem Pathwerk" einkoppeln. Fortan wurden die Felder und Wiesen mit Wallhecken aus Sträuchern und Bäumen wie Hainbuchen, Eschen, Haselnuss, Weißdorn, Schlehe und Brombeere voneinander getrennt. Alle neun bis elf Jahre werden diese natürlichen Grenzzäune einmal „geknickt", soll heißen bis auf eine Handbreit über dem Boden abgesägt. 85 verschiedene Knicktypen gibt es heute in Schleswig-Holstein. Sie sind ein hervorragender Erosionsschutz, sehen weit besser aus als ein simpler Zaun und bieten Kleinstpflanzen sowie etwa 7000 Tierarten einen idealen Lebensraum.

Mit weiten Ausblicken wird belohnt, wer die „Höhen" in den Duvenstedter Bergen erklimmt.
Foto: Eicke

Mit einem weiten Ausblick auf den Bistensee wandern Sie den „Höhenweg" zwischen Feld- und Waldrand entlang, bis Sie die ersten Häuser von Holzbunge sehen. Dann sollten Sie dem grünen Pfeil an mehreren Findlingen nach links folgen und den Abstieg aus den Duvenstedter Bergen beginnen. Nur ein kurzes Stück folgen Sie nach rechts wieder der Asphaltstraße in Richtung Holzbunge, bevor Sie an der nächsten Gelegenheit links dem Seeufer entgegenspazieren. Wenn Sie am Ende der asphaltierten Strecke den Feldweg rechts wählen, haben Sie bald wieder den Waldrand erreicht. Mit einer kleinen Rechtskurve schwenken Sie am Wald beim reetgedeckten Anwesen des Bistensee-Besitzers vorbei. Seine Vorväter kauften 1911 das fischreiche Gewässer.

Am besten sieht man die Knicks im Winter.
Ganz entlaubt drücken sie der Landschaft ihr Muster auf. *Foto: Wandmacher*

Nach der Holzschranke gehen Sie nach links aus dem Wald hinaus und sind dem Bistensee sowie dem gleichnamigen Dorf schon wieder ganz nah. Wenn Sie nach links auf der Dorfstraße entlangspazieren, begleitet Sie der Seeblick fast bis zum Ausgangspunkt der Wanderung zurück.

Anfahrt mit dem Auto

Von der A 7, Abfahrt Rendsburg-Büdelsdorf, auf die B 203 in Richtung Eckernförde bis zur Abzweigung nach links in Richtung Bistensee. An der Dorfstraße in Richtung Ahlefeld ist in der Ortsmitte der Parkplatz ausgeschildert.

Wegweiser für die Rastpause

Nach der Hälfte des Rundweges in Alt Duvenstedt:

Seehotel „Töpferhaus"
Kaffee und Kuchen mit Panoramablick auf den Bistensee.
Tel: 0 43 38 / 9 97 10
Täglich durchgehend geöffnet.
Warme Küche 12.00–14.00 Uhr und 18.00–22.00 Uhr, nachmittags nur Kaffee und Kuchen.

Nach dem Spaziergang

Demnächst gibt es eine Cafeteria im Gästehaus von Bistensee an der öffentlichen Badestelle.

Die nächsten gastronomischen Möglichkeiten bieten sich ansonsten im 1,5 km entfernten Baumgarten (Richtung Ahlefeld, in Poggensiek rechts abbiegen) oder im ebenfalls 1,5 km entfernten Ahlefeld.

In den Granit geschrieben

Im Skulpturenpark der Hans-Kock-Stiftung Seekamp

Nicht mehr als eine Viertelstunde würde der Rundweg über die traditionsreiche Gutsanlage Seekamp dauern, gäbe es dort keine großformatigen Kunstwerke mitten in der Landschaft zu entdecken ...

Schiffstuten und Möwengeschrei dringen eher selten vom nahen Ufer der Kieler Förde herüber. Nur der Ostseewind rauscht in den hohen Kronen der uralten Linden. Backsteinrot schimmern alte Hofgebäude durch die knorrigen Bäume hindurch, während Sie auf verwittertem Kopfsteinpflaster durch die Allee spazieren. Außer dem Emblem der Hans-Kock-Stiftung werden Sie bis hierher kaum einen Unterschied zu anderen Gutshöfen bemerken.

In den Granit geschrieben!

Doch sobald Sie am ehemaligen Altenteil vorbeigegangen sind und aus der Allee heraustreten, blicken Sie einer „Wächterin" ins Gesicht.

Meterhoch ragt die phantasievolle Granitfigur vor dem alten Gutshaus in den Himmel und eröffnet den Skulpturenpark des Bildhauers Hans Kock. Nur ein verfallener Schweinestall zur rechten Seite lässt noch erahnen, dass dies ursprünglich einmal ein Bauernhof war.

Um 1800 zog der Kieler Philosophie-Professor Johann Erich von Berger hierher, um nebenbei Landwirtschaft zu betreiben. Bei Ackerbau und Viehzucht wollte er sein Ideal vom einfachen Leben verwirklichen. Die Idee allein reichte allerdings nicht für den wirtschaftlichen Erfolg und von Berger musste den Hof wieder abgeben. Um 1865 wurde Joachim Wilhelm Olde Herr auf Seekamp. Sein Sohn, Hans Olde, sollte einige Jahrzehnte später als Maler und Grafiker berühmt werden. Auch nach der Berufung zum Leiter der Weimarer Kunstschule und noch als Direktor der Kunstakademie Kassel ließ Hans Olde d. Ä. das Gut weiter bewirtschaften.

In den Sommermonaten traf sich der naturverbundene Künstler hier gern mit Malerfreunden wie Lovis Corinth oder Literaten wie Klaus Groth und Detlev von Liliencron. Sein Sohn, der Maler Hans Olde d.J., hatte an der Landwirtschaft jedoch kein Interesse mehr und verkaufte das Anwesen an die Stadt Kiel. Seine Tochter Anna und ihr Mann, der Bildhauer Hans Kock, wohnen heute in dem ehemaligen Altenteil.

Große Granitstele, 1969–77.

Als Einstimmung auf die Landschaft voller Skulpturen sollten Sie sich die kleineren Arbeiten von Hans Kock im Gutshaus anschauen, das Ihnen nach telefonischer Vereinbarung jederzeit offen steht. So können Sie einige Modelle für die Großplastiken aus der Parkanlage und viele unterschiedliche Figuren des Bildhauers kennenlernen, die einen Überblick seines vielfältigen Schaffens aus mehr als 50 Jahren geben.

1920 in Kiel geboren, kam Hans Kock nach Kriegsdienst und Architekturstudium 1948 zur Bildhauerei. Ab 1953 lebte er dann als freischaffender Bildhauer in der Hansestadt Hamburg, in der er bis heute sein Atelier hat. Hier entstanden alle seine großen Arbeiten, die zum Beispiel auf der 3. Documenta in Kassel, zu den Weltausstellungen von Montreal und Osaka oder auf der Biennale in Antwerpen international ausgezeichnet wurden. Mehr als zwölf dieser Großwerke haben auf Seekamp einen dauerhaften Ausstellungsplatz bekommen.

Schon vom Gutshaus aus können Sie die „Große Granitstele“ sehen, die Hans Kock zwischen 1969 und 1977 aus dem harten Naturstein gehauen hat.

Im Kontrast zu einer knorrigen, alten Linde entdecken Sie vielleicht, dass abstrakte Formen nicht nur der Phantasie des Künstlers entsprungen sein müssen. Und Sie werden noch viele andere Bäume in dieser Kunst-Landschaft finden, die an Mutter Natur als künstlerisches Vorbild erinnern.

Mit einem Blick auf die Reliefs der Gaukler wandern Sie die alte Feldstraße hinauf. Nach und nach eröffnet sich das gesamte Panorama der Skulpturen-Insel, die Hans Kock seit 1990 hier geschaffen hat. So werden Sie rechts hinter der „Großen Stele“ einen „Baum“ aus Granit entdecken.

Hans Kock hat darin 1970 seine Erinnerungen an italienische Bäume verewigt. Ganz in der Ferne ist noch „Charlys Rose“ , eine Aluminiumplastik von 1979, zu sehen. Dagegen haben Sie nach links Zutritt zum so genannten Skulpturenhof.

Kieler Strandfigur aus fünf Elementen, Aluminium, 1976

Von hier aus bietet sich ein geradezu malerischer Rundblick über die alte Hofanlage, zum renovierten Pferdestall im Vordergrund, dem Gutshaus und dem moosbewachsenen Schweinestall. Auf der anderen Seite der Aussichtsplattform können Sie die ersten Mauern für eine spätere Bildhauerhalle sehen, deren Vollendung noch bevorsteht. Einige Reliefs mit dem Titel „Geometrische Blumen“ können Sie aber schon jetzt hier bewundern.

Baum, Granit, 1970

Auf der anderen Seite des Weges steht vor Ihnen die „Kieler Strandfigur" von 1976, die mit ihrer Sturmfrisur an Wind, Wellen und Meer denken lässt. Bei einem Rückblick über die Parkanlage wird Ihnen auffallen, dass im Hintergrund eine weitere Großplastik aus dem Wiesengrund emporragt.

„Nomos" – im alten Griechenland die Bezeichnung für eine allgemeine Ordnung – zeigt, dass auch in diesem Garten alles seine Ordnung hat. Von verschiedenen Standpunkten werden Sie hier immer wieder etwas Neues entdecken, wenn Sie sich die Zeit dafür nehmen.

Nomos, Aluminium, 1979

Den besten Überblick haben Sie allerdings von der „Sitzformation", die auch als solche gedacht ist.

Von 1978 bis 1980 bot sie mitten auf dem Hamburger Rathausmarkt einen guten Platz zum Ausruhen. Heute scheint sie für die Knicklandschaft im Dänischen Wohld wie geschaffen. Doch bevor Sie darauf einmal Platz nehmen, sollten Sie ihrer Phantasie ein wenig freien Lauf lassen. Vielleicht kommen Ihnen dabei Assoziationen zu Wellen, Wolkenspiegelungen im

Sitzformation, Sichtbeton, 1978

Betonrelief, 1995

Charlys Rose, Aluminium, 1979

Wasser, einer Sandbank oder einer Mole? Der Bildhauer hat in diese 30 Meter lange Anlage viele seiner Gedanken an das Meer hineingearbeitet, das ja nur wenige hundert Meter von Seekamp entfernt ist.

Vor Ihnen breitet sich nun die große Skulpturen-Wiese aus und keine vorgeschriebene Wegmarkierung hindert Sie, kreuz und quer darüber zu schlendern. Wenn Sie jedoch

Im ehemaligen Gutshaus von Seekamp sind heute kleine Plastiken, Modelle und Zeichnungen von Hans Kock zu sehen. Davor steht die „Wächterin“. *Fotos: Joachim Wunderlich*

den Rundweg beenden wollen, wenden Sie sich nach links und gehen eine kleine Treppe hinunter. So kommen Sie zu „Charlys Rose“, die Hans Kock dem berühmten Clown Charly Rivel gewidmet hat. In nächster Nähe können Sie auch den „Baum“ aus Granit betrachten.

Die Phantasiefigur „Nomos“ und eine uralte Platane zeigen Ihnen zum Abschluss noch einmal den Dialog zwischen Natur und Skulptur. Nur wenige Meter weiter sind Sie dann wieder an der „Wächterin“ und dem Ausgangspunkt des Rundweges zur Kunst angelangt.

Anfahrt mit dem Auto

Von Kiel in Richtung Olympiazentrum (Nebenstrecke nach Eckernförde), an der Fördestraße von Friedrichsort nach Schilksee braunes Hinweisschild „Hans-Kock-Stiftung“. 100 m danach Abzweig nach links in Schilkseer Straße, geradeaus weiter in den Seekamper Weg und dort am Straßenrand parken.

Anfahrt mit dem Bus

Vom Hauptbahnhof Kiel mit den Buslinien 501, 502 in Richtung Schilksee oder Strande bis zur Haltestelle Seekamp.

Hans Kock-Stiftung Seekamp
Seekamper Weg 14
24159 Kiel
Tel: 04 31 / 37 23 22
04 31 / 37 18 37

Der Skulpturenpark ist ständig geöffnet.

Ausstellung im Gutshaus:
Sa 10.00 – 12.00 Uhr oder nach Vereinbarung.

Wechselausstellungen im ehemaligen Pferdestall:
jährlich August/September.
Fr 16.00 – 19.00 Uhr, Sa, So 10.00 – 15.00 Uhr oder nach Vereinbarung.

Wegweiser für die Rastpause

Während des Spaziergangs empfiehlt sich ein Verweilen auf dem Rasen, auf den Bänken oder auf der „Sitzformation“ von Hans Kock, die dafür wie geschaffen zu sein scheint.

Gastronomische Möglichkeiten gibt es auf Gut Seekamp leider noch nicht.

Nach dem Spaziergang

Da bleibt nur ein Abstecher nach Schilksee oder Strande zu Kaffee und Kuchen mit Fördeblick.

Schleswig-Holstein, ländlich – sittlich

Im Freilichtmuseum Molfsee bei Kiel

Schon zwei Stunden genügen für diesen Spaziergang rund um die schmuckvollsten Bauernhäuser aus ganz Schleswig-Holstein, durch alte Katen und Scheunen oder historische Dorfbetriebe, in denen das vergessene Landleben von anno dazumal wieder lebendig wird.

Stilvoll wie zu Zeiten des Landadels spazieren Sie durch ein prunkvolles Torhaus mitten hinein in fünfhundert Jahre schleswig-holsteinische Dorfgeschichte.

Ab dem Jahr 2000 wird der Weg dorthin durch eine Walscheune führen. Ähnlich einem großen Walrücken ragte sie einmal im Dänischen Wohld aus der Landschaft empor.

Molfsee bietet mehr als 60 Attraktionen des ländlichen Fachwerkbaus, die Sie alle auf dem großen Rundweg durch Wiesen und kleine Wäldchen zu sehen bekommen. Wenn Ihnen das zu viel werden sollte, schwenken Sie unterwegs einfach auf den kleinen Rundweg ab. Ausgangspunkt ist in jedem Fall erst einmal das prächtige Gutshof-Portal aus spätbarocker Zeit.

Das Torhaus mit der kupfergekrönten Laterne wurde 1770 vom Eutiner Hofbaumeister Georg Greggenhofer für das Gut Deutsch-Nienhof entworfen. Mit dem repräsentativen Eingangsgebäude wollte der damalige Gutsherr einen Reichtum demonstrieren, den er gar nicht hatte. Der aufwendig gestaltete Backsteinbau konnte erst 1972 finanziert und nach den Originalplänen gebaut werden. Nun bildet er in Molfsee das Eingangsportal zur größten Sammlung schleswig-holsteinischer Dorfarchitektur. Seit 1960 wurde vor den Toren der Landeshauptstadt Kiel auf gut 60 Hektar ein wahrhaft sehenswertes Ensemble von Fachwerkhäusern, Katen, Mühlen, Werkstätten und dörflichen Einrichtungen wieder aufgebaut, die alle in verschiedenen Regionen Schleswig-Holsteins der modernen Entwicklung weichen mussten.

Schon an der ersten Wegekreuzung sollten Sie sich von Ihrer Nase nach rechts führen lassen, zum 150 Jahre alten Backhaus einer Bordesholmer Hofanlage. Haupthaus, Backhaus, Schweinestall und Altenteilhaus bilden dieses traditionelle Ensemble.

Nachdem Sie hier frisches Bauernbrot gekostet haben, darf ein Abstecher zur nächstgelegenen Mühle nicht fehlen.

Auf 60 Hektar kann sich das Freilichtmuseum Molfsee ausbreiten. Rund 60 Gebäude – vom Walfängerhaus bis zur Wassermühle – sind mit dem Mobiliar, dem Hausrat und den Arbeitsgeräten vergangener Jahrhunderte ausgestattet.

Die 1766 erbaute Bockmühle ist hierzulande das einzige noch erhaltene Gegenstück zum wesentlich bekannteren Bautyp der „Holländer Mühle". Tatsächlich stammt sie nicht aus Schleswig-Holstein, sondern musste aus Niedersachsen sozusagen „importiert" werden. Dennoch ist eine Bockwindmühle der älteste Windmühlentyp Nordeuropas. Ihre Flügel sind rund um den Bock in den Wind drehbar. Eine schwere Arbeit, von der die Müller erst die Erfindung der Holländer Mühle erlöste.

Sie kehren jetzt wieder um und kommen zu einem herrlichen Bauerngarten, in dem nach alter Tradition Obst, Gemüse und Blumen angebaut, gepflegt und geerntet werden. Wieder zurück auf der Hauptstraße des Museumsdorfs sollten Sie die Pfeile zur Hofanlage aus der Probstei nicht übersehen. Von hier aus spazieren Sie dann geradewegs zum ältesten Bauernhaus Schleswig-Holsteins.

Am 17. Mai 1569 errichteten die Bürger des Kirchspiels von Grube dieses Haus als Wohnung für ihren Pastor Jeremias Stricker. So berichtet es die niederdeutsche Inschrift über dem Türsturz. Etwa 80 Jahre lebten die Pastoren des ostholsteinischen Dorfes genauso einfach und bescheiden wie die Bauern. In breiten Luchten und Kammern wohnten sie gleich neben den Ställen für Pferde und Kühe. Damals mussten sich auch die Pastoren einen Teil ihres Lebensunterhaltes in der Landwirtschaft verdienen. Gegen Ende des Dreißig-

jährigen Krieges beklagte sich dann jedoch ein Pastor so lange über die schlechte Behausung, bis er 1643 umziehen konnte. Das frühere Pfarrhaus wurde kurzerhand zum kirchlichen Viehhaus umfunktioniert.

Vom Pfarrhaus geht es auf der Hauptstraße weiter bis zu typischen Bauernhäusern aus Dithmarschen und den Elbmarschen, in denen Mensch und Vieh jahrhundertelang unter einem riesigen Reetdach wohnten.

So gelangen Sie zu einem 1745 erbauten Barghaus aus der Wilstermarsch oder zum 36 Meter langen Haus Heydenreich von 1697, das für die Kremper Marsch sehr typisch war. Nicht weit entfernt können Sie dann ganz ungeniert an der Glückstädter Reeperbahn entlangbummeln. Hier kommen Sie in eine Werkstätte für Tauwerk aller Art. Danach geht es durch eine Hofanlage von der Ostseeinsel Fehmarn zum kleinen Gothmunder Fischerhaus, das ursprünglich einmal am Traveufer stand.

Ein schon fast zierlich zu nennendes Zwergenhaus im Vergleich zu den reetgedeckten „Fachwerkburgen", wie sie an der stürmischen Westküste Schleswig-Holsteins jahrhundertelang jedem Wetter trotzten.

Wenn Sie den Eiderstedter Haubarg oder den Vierseithof aus dem Christian-Albrechts-Koog in der Museumsregion Nordfriesland erkundet haben, empfiehlt sich ein Abstecher in die Meierei aus der Landschaft Angeln und in den Nachbau einer ländlichen Apotheke, ausgestattet mit der Biedermeiereinrichtung einer Offizin von 1843.

Jahrmarktvergnügen wie zu Opas Zeiten! An allen Wochenenden und Feiertagen gibt es Sonderprogramme. Traditionelle Markttage sind im Mai, September und Oktober.

Alle Pillen, Salben oder Tropfen, die hier verkauft werden durften, mussten „offizinell" sein, was so viel heißt wie „als Arzneimittel anerkannt".

Daher wurde die Apotheke in früherer Zeit „Offizin" genannt. Solche „offizinellen" Geschäfte entstanden seit dem 16. Jahrhundert in Schleswig-Holstein, zuerst in den Städten und bald darauf auch auf dem Land.

Noch im 19. Jahrhundert stellte der Apotheker alle seine Arzneimittel mit Mörser, Waage, Pillenbrett und Salbenschale selbst her. Auch die dafür nötigen Kräuter züchtete er selbst. Neben der nachgebauten

Landapotheke wurde daher ein Kräutergarten angelegt, im dem vor allem wichtige heimische Gewächse nach dem Schleswig-Holsteinischen Arzneibuch von 1831 angepflanzt wurden.

Wieder zum Hauptweg zurückgekehrt, laufen Sie dann geradewegs auf einen dörflichen Jahrmarkt, auf dem Sie sich wie anno dazumal vergnügen können. Von dort aus geht es um einen kleinen Teich herum wieder zurück zum Museumseingang.

Das „Eingangstor" aus Walzähnen verrät's: Hier wohnte Lorens Petersen de Hahn, ein Walfänger aus dem 17. Jahrhundert.

Anfahrt mit dem Auto

Von der A 215, Abfahrt Molfsee, oder aus Richtung Kiel der Ausschilderung „Freilichtmuseum" folgen, das direkt an der B 4 hinter dem Ortsausgang von Kiel zu finden ist.

Anfahrt mit dem Bus

Vom Kieler Hauptbahnhof mit der Autokraft-Linie 500 in Richtung Flintbek.

Wegweiser für die Rastpause

Picknick auf allen Wiesen und Rastplätzen des Museums. Den Proviant dazu kann man entweder selbst mitbringen oder beim Rundgang z. B. im Backhaus, in der Meierei, in der Räucherei oder im Museumsladen einkaufen.

Nach dem Spaziergang

Restaurant Drathenhof
Einst ein Bauernhaus, das von 1794 bis 1968 hinter dem Elbdeich in der Kollmarer Marsch stand. Heute das historische Gasthaus gleich neben dem Freilichtmuseum.
Tel: 04 31 / 65 08 89
Di – Sa ab 10.00 Uhr,
So 10.00 – 18.00 Uhr,
Montag Ruhetag.

Das verborgene Paradies der Augustiner Chorherren

Am Bordesholmer See

In etwa anderthalb Stunden lässt sich die reizvolle Umgebung einer Insel (wieder) entdecken, auf der Augustiner-Chorherren im hohen Mittelalter den Grundstein für die Kieler Universität legten.

Der Bordesholmer See schimmert wie ein silberner Spiegel durch die Bäume der kleinen Parkanlage hindurch. Eine dunkelbraune Holztafel weist Ihnen den Weg zum Klosterufer. Auf dem kunstvoll geschnitzten Hinweisschild sind auch zwei Männer in Mönchskutten dargestellt. Von dem angekündigten Ufer ist bisher jedoch noch nichts zu sehen. Den Ausblick dorthin versperrt das Alte Kreishaus.

Das repräsentative Backsteingebäude entwarf der Architekt Johann Garleff 1913/14 für die damalige Kreisverwaltung. Der Landkreis Bordesholm wurde jedoch 1932 aufgelöst. Heute ist das denkmalgeschützte Kreishaus privat und wird gelegentlich für kulturelle Veranstaltungen genutzt.

Den kurzen Kiesweg bis zur eigentlichen Uferpromenade haben Sie schnell zurückgelegt

Solche Abgeschiedenheit suchten die Augustiner Chorherren. *Foto: Wandmacher*

In der Einsamkeit der norddeutschen Landschaft wurde im 14. Jahrhundert die Bordesholmer Kirche errichtet. *Foto: Bauch*

und jetzt genießen Sie einen unverstellten Rundblick über den Bordesholmer See, der sich auf 70 Hektar kurvenreich durch die Landschaft schlängelt. Von hier aus haben Sie schon eine Vorschau auf den Rundweg, der Sie zur einen Seite des Sees durch einen urwüchsigen Uferwald führen wird. Doch zunächst spazieren Sie einer Anhöhe entgegen, auf der eine mittelalterliche Backsteinkirche thront. Damit haben Sie den Teil des Rundweges erreicht, der als Klosterufer angekündigt war.

Ursprünglich wurde es einmal Bordesholm genannt, was so viel heißt wie „am Ufer der Insel". Noch Anfang des 14. Jahrhunderts war der Klostergrund eine Insel. Auf ihrer Suche nach mehr Abgeschiedenheit und Ruhe haben Augustiner-Chorherren aus Neumünster dieses unbewohnte Eiland für sich entdeckt, mit drei Dämmen landfest gemacht und darauf eine Kirche mit den dazugehörigen Wirtschaftsgebäuden erbaut. So begann die Bordesholmer Geschichte um 1330 mit dem Bau des Chorherrenstiftes, das heute allgemein Kloster genannt wird. Doch ein „echtes" Kloster hat es am Bordesholmer See nie gegeben. Die Augustiner-Chorherren lebten zwar nach den Regeln des römischen Kirchenlehrers Augustinus in einer klösterlichen Gemeinschaft zusammen. Doch diese wurde nicht als Ableger eines großen Mönchsordens gegründet, sondern 1125 von dem Wendenmissionar Vicelin privat gestiftet. Die Mitglieder waren Adlige, die allen Privatbesitz für die Gemeinschaft abgaben und freiwillig ein mönchsähnliches Leben führten, ohne jedoch den weltlichen Freuden vollständig zu entsagen. Zum Gedenken an ihren Gründungsvater Vicelin bauten die Bordesholmer Chorherren über seinen Gebeinen zwischen 1330 und 1509 eine imposante Stiftskirche. Bis zur Reformation 1566 wurde sie ein bedeutendes Pilgerziel in Norddeutschland.

Der eigentliche Rundweg führt am Klosterufer rund um den Kirchhügel herum. Aber das sollte Sie nicht davon abhalten, einmal hinaufzupilgern.

So kommen Sie auch zur letzten lebenden Zeugin aus der Zeit der Chorherren, zur mehr als 600 Jahre alte Gerichtslinde. Von dort sind es nur wenige Schritte bis zur Stiftskirche. Ihr spätgotischer Innenraum erstrahlt seit 1998 wieder in neuem Glanz. Hier werden Sie noch das alte Gestühl der Chorherren und viele prunkvolle Grabstätten von berühmten Schleswig-Holsteinern finden, wie zum Beispiel den Bronzesarkophag der Herzogin Anna oder die Grabstätten der Stammeltern des oldenburgischen Herzogshauses.

Beim Verlassen der Kirche geht es rechtsherum wieder hinunter zum Rundweg.

Auf dem wild umwucherten Uferpfad spazieren Sie in die kleine Bucht Pastorhörn, an der Sie auf einen rätselhaften Geheimgang

Foto: Bauch

Archäologen durchforsten das Bordesholmer Erdreich und legten Mauer und Turm der Gelehrtenschule frei. In der Mitte ist der unterirdische Gang zu sehen.

Fürs Fernsehen wurden die Chorherren „reaktiviert". So könnte es hier einmal ausgesehen haben … *Foto: Bauch*

der Chorherren stoßen werden. Reste davon haben Archäologen bis zur wieder gefundenen Mauer der Gelehrtenschule restaurieren können. Nach der Reformation 1566 wurde in den Gebäuden des Stiftes eine Fürstliche Gelehrtenschule eingerichtet und ein Jahrhundert lang aus den Einkünften des ehemaligen Stiftes unterhalten. Mit der Gründung der Kieler Christian-Albrechts-Universität 1665 wurde das Gymnasium geschlossen. Viele Lehrkräfte gingen als Professoren nach Kiel. Ein Teil der wertvollen Stiftsbibliothek bildete den Grundstock für die Kieler Universitätsbibliothek. In den folgenden zwei Jahrhunderten war es allein den Professoren vorbehalten, sich in der Bordesholmer Stiftskirche – der Wiege ihrer Universität – bestatten zu lassen.

Sobald Sie die geschichtsträchtige Klosterinsel hinter sich lassen, haben Sie erst 500 Meter von dem insgesamt fünf Kilometer langen Rundweg zurückgelegt.

Doch wenn Sie in das angekündigte Ufergehölz hineinwandern, steht einem ungestörten Naturerlebnis keine historische Sehenswürdigkeit mehr im Wege. Nur wenige Meter vom schilfbewachsenen Seeufer entfernt spazieren Sie auf dem breiten Naturpfad durch den naturbelassenen Mischwald. Windzerfetzte Bäume ragen bis tief ins Wasser hinein und scheinen dort neu Wurzeln geschlagen zu haben. Überall sprießen Zweige, zwischen denen sich Stockenten, Blässhühner und Graugänse tummeln.

Dann spazieren Sie über eine kleine Wiese, die von den Bordesholmern auch Vogelwiese genannt wird, wieder hinein in den Uferwald. Hinter einem Landvorsprung ist die Kloster-

Foto: Touristinformation Schleswig

Hans Brüggemann schnitzte diesen Altar für die Bordesholmer Kirche. Zu sehen ist er heute allerdings im Dom zu Schleswig.

insel bald völlig aus Ihrem Blickfeld verschwunden. Nach etwa der Hälfte des Weges beginnt sich der Uferwald zu lichten. An einer Wiese entlang wandern Sie zum entlegensten Zipfel des Bordesholmer Sees, in dem Erlen und Weiden urwaldartig aus einer Feuchtwiesen herauswuchern.

Bald sind Sie jedoch wieder am eigentlichen Seeufer angelangt und spazieren auf dem breiten Rundweg am Ortsteil Eiderstede entlang. Von hier aus haben Sie nun stets den „Postkartenblick" auf die Klosterinsel vor Augen, wie ihn auch Hans Brüggemann, der berühmte norddeutsche Bildschnitzer, einst gesehen haben dürfte.

Der norddeutsche Bildschnitzer soll in Eiderstede, am Ostufer des Sees, seine Werkstatt gehabt haben. Hier fertigte er im Auftrag der Chorherren von 1514 bis 1521 den berühmten Bordesholmer Altar. Dieses Hauptwerk Brüggemanns gilt mit fast 400 Figuren als der größte szenische Schnitzaltar Norddeutschlands und wurde nach niederländischem Vorbild gefertigt. Seit 1666 ist der Bordesholmer Altar im Dom zu Schleswig aufgestellt.

An der Freibadeanstalt endet die Uferpromenade. Durch die Eidersteder und die Heitze-Straße führt Sie der ausgeschilderte Rundweg wieder zum Ausgangspunkt am Alten Kreishaus zurück.

Anfahrt mit dem Auto

Von der A 7, Abfahrt Bordesholm, oder von der A 215, Abfahrt Blumenthal, zur B 4 in Richtung Bordesholm. Im Ort der Ausschilderung „Verwaltungsfachschule" nach rechts in die Holstenstraße, geradeaus über den Dreiecksplatz in die Heintzestraße bis zum Parkplatz direkt gegenüber vom Alten Kreishaus.

Von der B4 aus Richtung Neumünster nach links in die Holstenstraße und bis zum Parkplatz am Alten Kreishaus.

Anfahrt mit der Bahn

Von Neumünster oder von Kiel mit der Regionalbahn nach Bordesholm.

Am Bahnhof entweder per Bus oder rund zwei Kilometer zu Fuß zum Bordesholmer See.

Durch die Einkaufszone (Mühlenstraße) zur Bahnhofsstraße, nach rechts bis zur Holstenstraße. Am Rathaus vorbei geradeaus über die B 4, der Straße noch rund 800 Meter bis zum Parkplatz am Alten Kreishaus folgen.

Bordesholmer Stiftskirche
Di – So 9.00 – 17.00 Uhr

Im September 1999 wird neben der Kirche ein Museum zur Geschichte des Augustiner-Chorherrenstiftes eröffnet.

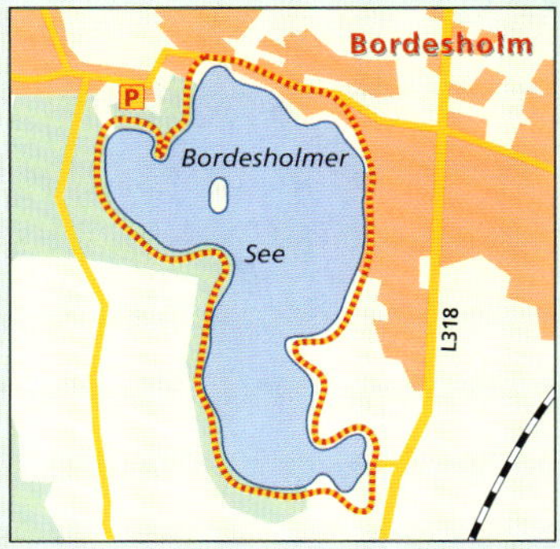

Bordesholmer Heimatstube
Tel: 0 43 22 / 57 63
März bis Dezember an Sa, So und Feiertagen 14.00 – 17.00 Uhr mit wechselnden Ausstellungen zu Bordesholm und der Umgebung.

Wegweiser für die Rastpause

Schon 500 Meter vor dem Ziel lockt das ***See-Café***.
Kaffee und Kuchen mit Blick auf den Bordesholmer See.
Di – Sa 14.30 – 18.00 Uhr,
So 13.00 – 18.00 Uhr.

Nach dem Spaziergang

Kolonialhaus
Kaffeehaus und Bistro mit Blick auf die alte Gerichtslinde.
Lindenplatz 6
Tel: 0 43 22 / 21 25
Di – So 12.00 – 24.00 Uhr
(außer 27. Dezember bis 10. Januar).

Natur-Tour zu einem Kultur-Gut

Spaziergang von Westensee nach Emkendorf

Der dreistündige Weg durch den Naturpark Westensee führt quer durch Wald und Flur zu einem der bekanntesten Herrenhäuser Schleswig-Holsteins, das Goethe ungesehen nur als ein „Sumpf- und Wassernest zu weit hinten im Norden" zu bezeichnen wusste.

Erdbraune und wiesengrüne Hügelketten prägen die weite Landschaft zwischen den Stadtgrenzen von Kiel, Rendsburg und Neumünster. In ihren Senken haben sich über 25 Gewässer breit gemacht, unter denen der Westensee ein wahrer Riese ist. Breite Schilfgürtel, Trauerweiden, kleine Wäldchen und auch Knickhecken ziehen sich an seinen Ufer entlang und lassen bei all seiner erholsamen Natürlichkeit nicht übersehen, dass hier der Mensch seine kultivierende Hand im Spiel hat. Das war schon immer so, seit die „Herren vom Westensee" im 12. Jahrhundert „Westen den See" (westlich des Sees) das Land urbar machen ließen. Etwa einhundert Jahre später gründeten dann Neumünsteraner Chorherren vom Stift des Vicelin hier die St. Catharinen-Kirche, die noch heute backsteinrot auf einer Anhöhe am Seeufer thront. Ihre jetzige Gestalt erhielt die Dorfkirche vermutlich im Zuge der Pilgerbewegung, die im 14. Jahrhundert erstmals urkundlich erwähnt wurde. Am Ehrentag der Heiligen Catharina, dem 25. November, zog es alljährlich Wallfahrer in das kleine mittelholsteinische Bauerndorf. Am St. Catharinen-Tag galt Westensee aber auch als wirtschaftlicher und geselliger Treffpunkt. Mit den Pilgern kamen Kaufleute, Handwerker und Schausteller zu einem großen Jahrmarkt.

Den Bau der stolzen St. Catharinen-Kirche finanzierten auch die vielen Pilger mit, die alljährlich zum Fest der heiligen Katharina an den Westensee kamen.

Von der Kirche spazieren Sie nach rechts durch den alten Dorfkern von Westensee, das längst über seine ehemaligen Grenzen als Bauerndorf hinausgewachsen ist. Auf dem Fußgängerweg links neben der Landstraße steigen Sie dann in den oberen Teil des Ortes hinauf, bevor Sie rechts zum unverfehlbar richtigen Weg nach

Emkendorf abbiegen. Sind Sie an der Westenseer Töpferstube vorbeigegangen, lassen Sie auch bald die letzten modernen Einfamilienhäuser hinter sich. Wie durch eine grüne Gasse spazieren Sie dann zwischen zwei Knickhecken dem Wald entgegen. Selten stolziert hier nur ein bunt gefiederter Fasan allein über den Feldweg, der sich einige hundert Meter weiter in einen breiten Waldpfad verwandelt.

Bei nächster Gelegenheit müssen Sie allerdings nach rechts einen kurzen Schleichweg hinaufgehen, der Sie an einer hoch aufragenden Solo-Buche rechts auf eine breite, grün überdachte Waldhauptstraße führt. Um eine Lichtung herum spazieren Sie dann immer tiefer in die vielstämmige Welt der Birken, Kiefern, Linden, Lärchen, Eichen, Fichten, Erlen, Tannen, Ahorn und Douglasien hinein. Einige dieser Laub- und Nadelhölzer können Sie auf dem Waldlehrpfad genauer kennen lernen, bevor Sie zum traditionsreichen Hopfenkrug gelangen.

Hier soll schon Wallenstein während des Dreißigjährigen Krieges gezecht und logiert haben. Später wohnte hier der Förster von Emkendorf, bevor das reetgedeckte Anwesen einen neuen Privatbesitzer fand.

Wenn Sie nach rechts um den Teich herumlaufen, werden Sie zwischen den Bäumen schon bald eine geheimnisvolle Treppe entdecken, die zu einem kleinen Friedhof hinaufführt.

Hier haben Mitglieder der Familie Heinrich, die 1929 das traditionsreiche Gut Emkendorf erwarb, und die Eltern der heutigen Hausherrin Ella Freifrau von Lüttwitz-Heinrich ihre letzte Ruhe gefunden. Die lange Reihe der Gutsbesitzer begann allerdings schon im 12. Jahrhundert mit einem Ritter Emeke. Ob die Ahlefeldts dann im 15. Jahrhundert oder erst die Rantzaus 100 Jahre später das erste Herrenhaus errichteten, ist nicht bekannt. Als sie aber 1720 das Anwesen dem englischen König Georg I. überließen, wechselte das Gut noch mehrfach den Besitzer, bevor es 1764 von der Familie Reventlow gekauft und zu einem der drei bekannten Schlösser am Westensee wurde.

Der Weg dorthin ist nicht mehr weit, wenn Sie erst einmal links um den Hügel bis zur Landstraße gekommen sind. Auf der anderen Seite folgen Sie dann dem Waldpfad, der mit einem orangefarbenen Symbol zweier ineinandergeschachtelter Quadrate markiert ist. Schon von Ihrem Weg um den Hasensee aus werden Sie das klassizistische Herrenhaus erblicken.

1789, im Jahr der Französischen Revolution, zog Friedrich Graf Reventlow mit seiner Frau Julia, Tochter des dänischen Schatzmeisters Graf Schimmelmann, auf das väterliche Gut Emkendorf. Das berühmteste Ehepaar der

Gut Emkendorf ging Ende des 18. Jahrhunderts in die Literaturgeschichte Schleswig-Holsteins ein.

Schlossgeschichte ließ das ursprünglich barocke Herrenhaus nach der Mode der Zeit umbauen, schmückte es mit Einkäufen ihrer Italienreisen und begründete einen literarischen Salon, der in Schleswig-Holstein einmalig bleiben sollte. Die Dichter Friedrich Gottlieb Klopstock und Matthias Claudius oder der Züricher Theologe und Philosoph Johann Kaspar Lavater, hochrangige Staatsbedienstete, französische Revolutionsflüchtlinge oder Professoren der Kieler Universität folgten der Einladung nach Emkendorf, um im so genannten „Emkendorfer Kreis" über Literatur, Kunst, Politik und Religion zu diskutieren. Goethe dagegen schlug die mehrfache Einladung der Gräfin Julia aus, um nicht „die Zuchtrute der Damen" zu spüren. Der Dichterfürst hielt den Salon der Reventlows nur für „christlich-moralisch-ästhetischen Jammer, der sich an den Ufern der Ostsee in der ohnmächtigsten Aufgeblasenheit versammelt." Mit dem Tod von Julia Reventlow 1816 endete die Zeit des Emkendorfer Kreises. Erst durch das Schleswig-Holstein Musikfestival wurde Emkendorf wieder ein öffentliches Kultur-Gut. Seit 1986 ist die 250 Jahre alte Scheune ein Wochenende lang Konzertsaal für das Musikfest auf dem Lande.

Nach einem Rundgang über den alten Gutshof wandern Sie dann auf dem schon bekannten Weg wieder zurück in Richtung Hopfenkrug. An der Kreuzung, an der rechts eine Tafel zur Japanlärche aufgestellt ist, können Sie links den direkten Pfad wählen oder aber geradeaus weiter durch den Wald spazieren. Um eine überwucherte Kieskuhle herum geht es dann links zurück zu der Solo-Buche, an der Sie ein gelbes Dreieck nach rechts wieder auf den bereits bekannten Schleichweg führt. Nach links spazieren Sie dann auf dem breiten Wirtschaftsweg aus dem Wald hinaus und zurück zum Ausgangspunkt der Wanderung an der Westenseer Kirche.

Anfahrt mit dem Auto

Von der A 210, Abfahrt Achterwehr, in Richtung Westensee. Nach der Ortseinfahrt links auf den Parkplatz am See. Von der A 7, Abfahrt Warder, in Richtung Westensee. Parkplatz nahe der Kirche direkt am Ufer vom Westensee.

Kirche St. Catharinen
1. Mai bis 30. September:
täglich 9.00 – 19.00 Uhr.
In der übrigen Zeit des Jahres ist der Schlüssel zur Kirche im Kirchenbüro, Dorfstraße 1, erhältlich.
Geschäftszeiten:
Mo – Fr 9.00 – 12.00 Uhr
Tel: 0 43 05 / 7 44
Ganzjährig an einem Sonntag im Monat St. Catharinen-Konzert.

Töpferstube
Emkendorfer Weg
Tel: 0 43 05 / 2 39
Täglich 15.00 – 18.00 Uhr
und immer, wenn die Tür „geöffnet“ ist.

Wegweiser für die Rastpause

Schon 500 Meter vor dem Ziel ins ***Café Zeit***:

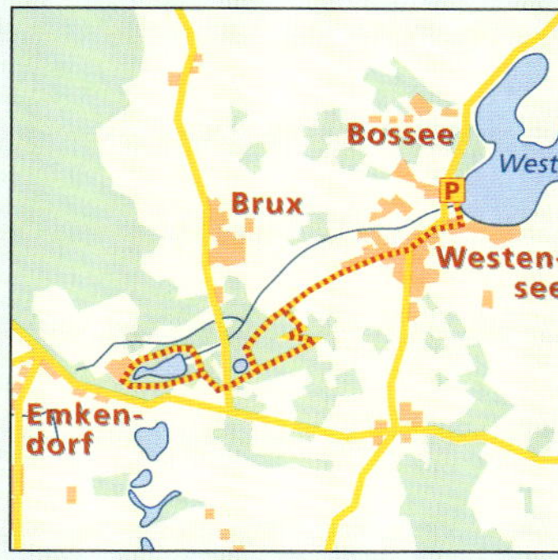

Kaffeezeit in traditioneller Umgebung.
Tel: 0 43 05 / 6 81
1. Mai bis Mitte Oktober:
Mo – Fr 15.00 – 24.00 Uhr,
Sa, So 14.00 – 24.00 Uhr,
Dienstag Ruhetag.
Oktober bis April:
Mo – Fr 17.00 – 20.00 Uhr,
Sa, So 14.00 – 24.00 Uhr,
Dienstag Ruhetag.

Nach dem Spaziergang

Zum Spritzenhaus
Grill-Café mit Terrasse zum Westensee.
Tel: 0 43 05 / 5 37
1. Mai bis 30. September:
11.00 – 24.00 Uhr,
Donnerstag Ruhetag.
1. Oktober bis 30. April:
11.00 – 13.00 Uhr und
17.00 – 24.00 Uhr,
Donnerstag Ruhetag.

Rückzug in eine unheimliche Einsamkeit?

Spaziergang durch das Dosenmoor bei Neumünster

Der gut zweistündige Rundweg führt durch eine der letzten großen Moorlandschaften Schleswig-Holsteins, in der sich ein seltenes Zusammenspiel von Wasser- und Pflanzenwelt beobachten lässt, ohne dass dabei tückische Gefahrenquellen zu befürchten wären.

Sagenhafte Geschichten, in denen unbescholtene Bauern oder gar Mörder auf mysteriöse Weise plötzlich verschwanden und erst Jahrhunderte später als Moorleichen wieder auftauchten, sind rund um das Dosenmoor nicht überliefert. Auch von Geistern, die bei Vollmond aus den torfigen Tiefen aufstiegen und ihr Unwesen trieben, weiß der sonst wohl informierte Volksmund nichts zu erzählen.

Hinter der Häusergrenze von Neumünster-Einfeld werden Sie vielleicht auf den ersten Blick gar kein Moor vermuten. Vergeblich sucht Ihr Auge hier nach morastigen Niederungen mit kleinen Bruchwäldchen, aus denen ein süßlich-modriger Geruch aufsteigt. Nicht einmal kleine, schlammverwurzelte Naturknäuel aus Birken, wildwuchernden Ranken und verkrüppelten Baumresten sind in der weiten Landschaft auszumachen.

Stattdessen erblicken Sie rechts vom Parkplatz eine einsame baumlose Landschaft, über die ein frischer Wind fast ungehindert hinweg blasen kann. Wenn Sie dann hinter den Häusern bis zur Info-Tafel gegangen sind, werden Sie auch alle Ihre Ängste vor unsichtbaren Schlammtiefen oder nassen Füßen vergessen können.

Gefahrlos wandern Sie auf einem breiten Wirtschaftsweg fast unmerklich aufwärts ins Hochmoor hinein.

So idyllisch sehen die Handtorfstiche im Nordteil des Dosenmoores aus. Foto: Muszeika

Während der letzten Eiszeit haben Gletscher hier eine Senke im Gelände hinterlassen. Nach dem Rückzug des Eises blieb ein Toteisblock in dieser Vertiefung liegen, der mit seinem Schmelzwasser einen See entstehen ließ. Auf glei-

che Weise bildeten sich – wenn auch viel langsamer – der Einfelder See und der Bordesholmer See. Das Gewässer an der Stelle des heutigen Dosenmoores verlandete dagegen schnell.

Abgestorbene Pflanzenreste zersetzten sich wegen des Sauerstoffmangels nicht vollständig zu Humus und führten zur Entstehung eines Niedermoores. Im Laufe der vergangenen Jahrtausende verfüllte das Moor die eiszeitliche Senke und wuchs über das Niveau des nährstoffreichen Grundwassers bis auf sieben Meter uhrglasförmig in die Höhe. Nährstoffarmes Regenwasser speiste das entstandene Hochmoor.

Infolgedessen verringerten sich der Sauerstoffgehalt und der ph-Wert des Bodens. Die wichtigsten Pflanzen in der veränderten und baumlosen Landschaft waren jetzt die wurzellosen Torfmoose. In dem Maße, wie sie nach unten absterben, wachsen sie nach oben weiter und bilden durch diesen hohen Anteil an toten Zellen den Wasserspeicher für die Moorlandschaft. Jahrhundertelang wurden die Torfsoden als Brenn- oder Düngestoff gestochen. Für die industrielle Abtorfung des 20. Jahrhunderts wurde der Wasserstand künstlich abgesenkt, sodass das Hochmoor stellenweise in sich zusammensank und heute nur als degenerierte Landschaft erhalten ist.

Bewohnerin des Dosenmoores: Eine Becher-Azurjungfer im blau-glitzernden Kleid. *Foto: Muszeika*

Von dem breiten Wanderdamm, auf dem einst die schweren Maschinen zum Torfabbau ins Dosenmoor hineinfuhren, können Sie mit etwas Phantasie noch die ehemalige uhrglasförmige Wölbung der Hochmoorlandschaft erkennen. Sobald Sie Ihren Blick nach rechts über die grasbewachsene Ebene schweifen lassen, haben Sie einen fast authentischen Eindruck des ursprünglich baumlosen Aussehens. Damit haben Sie zugleich die ersten Erfolge der Renaturierungsmaßnahmen vor Augen, mit denen Wissenschaftler der Kieler Universität und Naturschutzbeauftragte in den 70er Jahren begannen.

Insekten sollten sich vor dem Sonnentau hüten. *Foto: Muszeika*

Foto: Muszeika

Diese wuscheligen Köpfe gehören dem schmalblättrigen Wollgras.

Von insgesamt 45 000 Hektar Hochmoorflächen, die es noch um 1880 in Schleswig-Holstein gab, sind heute noch etwa zehn Prozent erhalten. Das 520 Hektar große Dosenmoor gilt als der bedeutendste und am besten erforschte Hochmoorrest des Landes. Es steht seit 1981 unter Naturschutz. Die kleinen regulierbaren Blechkanister am Wegesrand, die so genannten Mönche, bewahren die torfige Hochebene vor einem erneuten Wassermangel. Nach dem Entkusseln, der gezielten Wegnahme von Bäumen, „stören" heute auch nur noch wenige Birken das restaurierte Landschaftsbild.

Links von Ihnen dagegen sprießen und wuchern Pflanzen aller Größen aus dem morastigen Untergrund, in dem die Löcher vom Torfabstich vielfach nicht zu übersehen sind. In dieses urwüchsige Moorinnere führt Sie der zweite Seitenweg, der mit einem Feldstein und einer roten „III" markiert ist. Je weiter Sie diesen Pfad entlangwandern, desto mehr verliert sich der Verkehrslärm von Bundesstraße und Bahnlinie in der Ferne. Bald darauf können Sie dann auf einer Aussichtsplattform gemütlich Platz nehmen und in vollkommener Stille die Wollgras-Blüte ringsherum bewundern, dem Schauspiel des fleischfressenden Sonnentau zuschauen oder einfach nur die Informationsschilder zu Gräsern, Pflanzen und dem Torfabbau im Dosenmoor lesen. Wenn Sie dem einmal begonnenen Pfad weiter folgen, kommen Sie bis zum äußeren Rand der Hochmoorebene. Etwas erhöht erwandern Sie dann nach rechts etwa ein Viertel vom Umfang der runden Torf-Insel. Im Kontrast zur weithin hörbaren Tierwelt der umliegenden Wald- und Wiesenlandschaft wird Ihnen das Dosenmoor vermutlich noch stiller und lebloser erscheinen. Dabei können Sie natürlich überall etwas krabbeln, hüpfen oder fliegen sehen. Wenn Sie an der nächsten Info-Tafel wieder auf den Hauptdamm zurückkehren, können Sie sowohl in der renaturierten Fläche links als auch rechts Ihres Weges Frösche, Kreuzottern, Eidechsen, Schmetterlinge oder Libellen beobachten. Mit etwas Glück werden Sie vielleicht auch

Nicht mehr Moor, sondern der Glockenheidebestand im Dosenmoor. Foto: Muszeika

einen Großen Brachvogel, die Bekassine oder eine Sumpfohreule zu sehen bekommen, während Sie geradeaus zum Ausgangspunkt des Rundweges zurücklaufen.

Anfahrt mit dem Auto

Von der A 215, Abfahrt Blumenthal, auf die B 4 in Richtung Neumünster, nicht den Abzweig „Dosenmoor", sondern die erste Straße links hinter dem Ortsschild Neumünster wählen, unter der Bahnlinie geradeaus bis zum (unbeschilderten) Parkplatz.

Von der A 7, Abfahrt Neumünster-Nord, nach Neumünster, Ausschilderung zur B 4 nach Neumünster-Einfeld und Kiel folgen. Vor dem Ortsende von Neumünster, schräg gegenüber vom Gasthaus „Zur alten Schanze", Seitenstraße rechts, die nur für Anlieger frei gegeben ist.

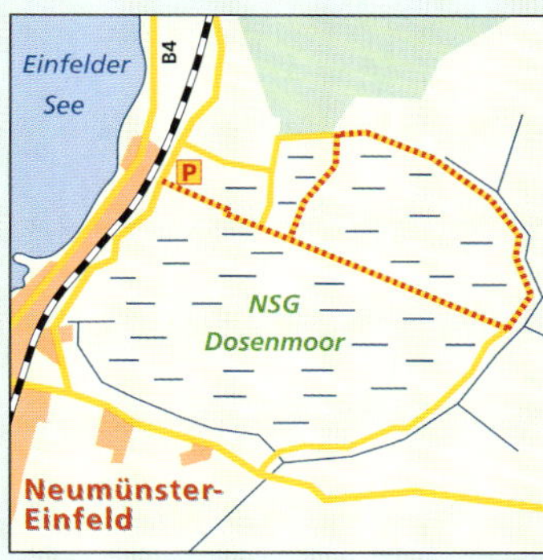

Wegweiser für die Rastpause nach dem Spaziergang

Am Ufer des Einfelder Sees:

Zur alten Schanze

Ausruhen in einer alten Poststation an der ehemaligen Handelsstraße Kiel-Hamburg.
Tel: 0 43 21 / 95 95 80
Täglich ab 11.30 Uhr,
warme Küche: 11.30 – 14.30 Uhr und ab 17.30 Uhr.

Eine geruhsame Frischluft-Kur zwischen den Aukrügen

Auf dem Rundweg Nr. 17 durch den Naturpark Aukrug

Mit einem zweistündigen Spaziergang entkommen Sie dem Alltagsstress und jeglicher Hektik. Wandern Sie in einer idyllischen Wald- und Wasserlandschaft, die ihre Gestalt und ihren Namen durch die Windungen vieler Auen bekam, die auf Plattdeutsch „Aukrog" genannt wurden.

Der würzig-harzige Geruch des Waldes strömt aus dem bemoosten Unterholz, aus Kiefern, Tannen, Fichten und auch einigen Laubbäumen.

Unaufdringlich umfängt Sie der Atem der Natur, auch wenn Sie noch an der Bundesstraße nach dem Baumstamm mit dem unauffällig angebrachten Schild „17" suchen. Doch diesen Wegweiser brauchen Sie hier eigentlich gar nicht, denn Sie müssen einfach nur der betonierten Spur in den Wald hinein folgen.

Schon nach wenigen hundert Metern ist der Verkehrslärm der Landstraße in der Ferne verklungen und Sie sind mitten im Naturpark Aukrug. Mit einer Gesamtfläche von 380 Quadratkilometern füllt die in Jahrhunderten gewachsene Wald-, Moor- und Heidelandschaft fast das Städtedreieck zwischen Rendsburg, Neumünster und Itzehoe aus. Wie viele andere Naturgebiete in Schleswig-Holstein ist auch der Aukrug in seinem Ursprung ein Produkt der letzten Eiszeit. Vor etwa 10 000 bis 12 000 Jahren hinterließen die abschmelzenden Gletscher eine Vielzahl kleiner Rinnsale, die sich zum Teil bis heute als Auen durch den Aukrug schlängeln. 1969 wurde die weitgehend naturbelassene Landschaft zum Naturpark erklärt.

Inzwischen ist der Aukrug einer von fünf Naturparks in Schleswig-Holstein und auch einer von insgesamt 85 in ganz Deutschland. Damit ist das Gebiet zwar nicht vollständig unter Naturschutz gestellt, aber als ein landschaftlich reizvolles Naherholungsgebiet ausgewiesen, das bewusst von jeder industriellen Ansiedlung frei gehalten wird.

Bevor Sie der nächsten Landstraße allzu nahe kommen, sollten Sie rechts Ausschau nach der weiteren Markierung für den Rundwanderweg Nr. 17 halten.

Auf reizvollem Wege entfernen Sie sich dann raschen Schrittes wieder von der Motoren-Geräuschkulisse, die Sie nur allzu leicht an die Hektik im städtischen Alltag erinnern könnte.

Nach der Abzweigung beginnt zugleich der schönste Teil

„Dat ole Hus" – das Heimatmuseum im nahe gelegenen Aukrug-Bünzen.

des Rundwanderweges. Schon bald werden Sie zwischen den Bäumen die ersten Fischteiche hindurch schimmern sehen. Die „17" weist Ihnen den weiteren Weg zur Uferpromenade an den Teichen entlang, die sich wie große Wasserperlen zu einer Kette aneinanderreihen.

Den aufkommenden Eindruck von zeitloser Ruhe könnte hier nur der Teichwirt durchbrechen, der vielleicht gerade seinen Fischbestand kontrolliert und füttert. Erst im 19. Jahrhundert wurden in diesem Bereich des Aukrugs Quellen und Bäche zu insgesamt 42 Fischteichen angestaut. Der wichtigste Zuchtfisch ist hier der Karpfen. Doch auch Zander, Schleie und Goldorfen werden in den Teichen herangezogen oder schon als kleine Satzfische verkauft. Angeln ist an diesen Gewässern natürlich nicht erlaubt. Ungestraft widersetzen sich diesem Verbot nur die gefräßigen Kormorane, die von verärgerten Teichwirten häufig Wasserraben genannt werden. Nachdem diese schwarz gefiederten Schwimm- und Tauchvögel um die Jahrhundertwende fast ausgerottet waren, stehen sie heute unter Naturschutz und leben auch im Aukrug wieder in einer größeren Kolonie. Bei dem täglichen Fischbedarf eines Kormorans von 300 bis 500 Gramm müssen die Teichwirte alljährlich jedoch größere Verluste in ihrem Fischbestand einkalkulieren.

Vom Ufer der Fischteiche führt Sie die weiße „17" in den Wald hinein. Unerwartet stoßen Sie nach der Hälfte des Rundwanderweges dann auf eine kleine Siedlung, wo einst ein Einsiedler wohnte.

Abseits von den Dörfern der Umgebung hatte sich ein Steinhauer in dieser steinigen Gegend eine sichere Existenz und seine Behausung aufgebaut, wurde aber von den Dörflern nur als „der von der Hütte im Wald" verspottet. Die später entstandene Siedlung nannte man daher „Waldhütten".

Diese alte Hütte ist ein ehemaliger Kornspeicher, den die Familie des heutigen Waldbesitzers aus Niedersachsen hierher brachte.

Auf der kleinen Asphaltstraße wandern Sie quer durch Waldhütten, an einem historischen Kornspeicher von 1737 und dem Privatanwesen des heutigen Waldbesitzers vorbei, bis Sie wieder einen Fischteich und auch dort die Wegmarkierung „17" erblicken.

Nach rechts spazieren Sie dann noch einmal am Ufer einer langen Teichkette entlang, bevor Sie zu guter Letzt noch auf historische Pfade geführt werden. Der breite Waldwirtschaftsweg wird Sie allerdings kaum vermuten lassen, dass Sie auf der „Lübschen Trade" entlanglaufen.

Waldidylle bei Waldhütten.

Quer durch den Aukrug verlief im Mittelalter diese einzige Handelsstraße zwischen Lübeck und der Westküste, die zeitweise auch als Heerweg von und nach Dithmarschen benutzt wurde. Dreimal im Jahr reisten die hanseatischen Kaufleute über Neumünster, Aukrug und Heide zu den großen Märkten in Meldorf. Mit dem Aufblühen von Hamburg als Handelsplatz verlor die Handelsverbindung zwischen Ost- und Westküste jedoch ihre Bedeutung und geriet in Vergessenheit.

Am Gedenkstein für die Lübsche Trade überqueren Sie die B 430 und spazieren parallel zu der Bundesstraße durch den Wald zurück zum Ausgangspunkt der Wanderung.

Anfahrt mit dem Auto

Von der A 7, Abfahrt Neumünster-Mitte, auf die B 430 in Richtung Hohenwestedt, Heide. Nach ca. 15 km Hinweis auf Wanderparkplatz und Gaststätte „Heidehaus". Empfehlenswert ist der Parkplatz links am Heidehaus.

Von der A 23, Abfahrt Itzehoe, auf die B 77 in Richtung Hohenwestedt, danach auf der B 430 in Richtung Neumünster bis zum Kilometer 15,8. Parkplatz rechts am Heidehaus.

Anfahrt mit Bahn und Bus

Mit der DB bis Neumünster, weiter mit der Autokraft-Linie Nr. 3525 in Richtung Aukrug-Homfeld bis zur Haltestelle „Heidehaus".

Ausgangspunkt der Wanderung ist gegenüber am Parkplatz vor der Gaststätte.

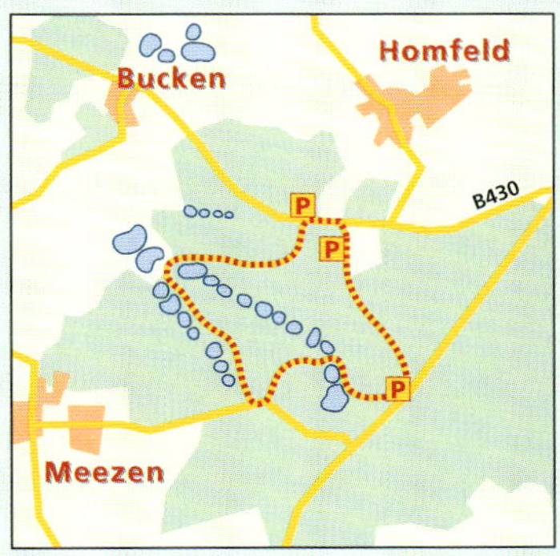

Wegweiser für die Rastpause nach dem Spaziergang

In Aukrug-Homfeld: ***Heidehaus***
Ausflugslokal mit regionaler Speisekarte und Kaffee und Kuchen an jedem Nachmittag.
Tel: 0 48 73 / 4 33
Täglich 10.00 – 22.00 Uhr,
Donnerstag Ruhetag.

Per pedes zurück in die Steinzeit

Auf dem Wanderweg „Blaue Glockenblume" rund um Albersdorf

Zwei Stunden geht es quer durch die bewaldete Landschaft zwischen der Dithmarscher Geest und Holstein, die schon vor etwa 5000 Jahren bei den steinzeitlichen Ureinwohnern von Schleswig-Holstein sehr beliebt war.

Feuersteine, Flintsteine und riesige Grabsteine gaben der Steinzeit ihren Namen, deren Spuren mitten in Albersdorf zu finden sind. Zur Einstimmung auf den Spaziergang sollten Sie am Parkplatz dem blau-weißen Hinweisschild „Kulturdenkmal" folgen und sich zunächst den legendären Brutkamp-Stein anschauen.

Der Sage nach soll ein Riese diesen 15 Tonnen schweren Stein wütend von Tellingstedt nach Albersdorf geschleudert haben, als hier im 13. Jahrhundert die Kirche zu Ehren des heiligen Remigius erbaut wurde. Dem Gotteshaus drohte natürlich zu keiner Zeit „riesenhafte" Gefahr. Archäologen haben längst nachgewiesen, dass der mächtige Findling schon vor etwa 4800 Jahren hierher geschafft wurde. Mit seinem Umfang von knapp zehn Metern bildet er das Dach eines mächtigen jungsteinzeitlichen Großdolmengrabes und damit zugleich den größten Deckstein Schleswig-Holsteins. Die gesamte Totenstätte war einst von einem Erdhügel bedeckt, dessen Ausmaße sich noch anhand der Feldsteine ringsherum

Beeindruckend: Der Brutkamp in Albersdorf ist der größte Deckstein eines Großsteingrabes in Norddeutschland. Über 15 Tonnen bringt er auf die Waage.

erahnen lassen. Bis ins 19. Jahrhundert hieß der Brutkamp in der Umgebung auch Brautberg und galt als Kultstätte für den Fruchtbarkeitsglauben. Neuvermählte sollen hier der Göttin Freya ein Opfer dargebracht haben.

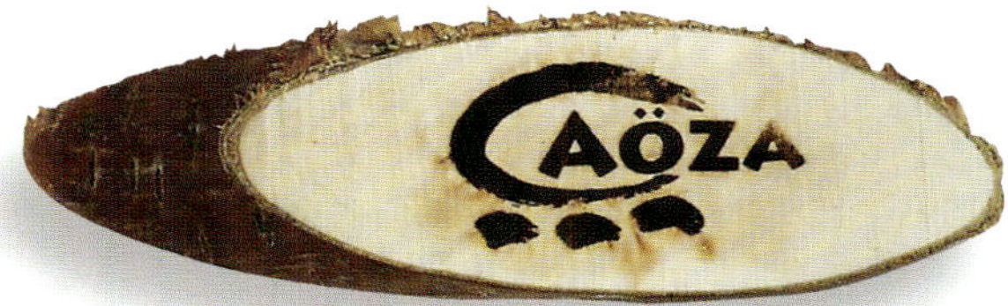

Wer auf den Spuren der Steinzeitmenschen laufen will, der bekommt ein hölzernes Schild in die Hand. „AÖZA" steht drauf und das ist kein steinzeitlicher Ausruf, sondern die Abkürzung für „Archäologisch-Ökologisches Zentrum Albersdorf".

Eingeweihte wissen es. Für die anderen sei gesagt, dass dies das „Langbett" am Horstenmoorweg ist. Es ist teilweise rekonstruiert worden.

Von der beeindruckenden Grabanlage gehen Sie wieder zurück zum Parkplatz und folgen links nun der Straße „Brutkamp". Nach gut 100 Metern werden Sie rechts auf einem Feldstein das Zeichen der blauen Glockenblume entdecken, das Ihnen von nun an stets den richtigen Weg weisen wird. So gelangen Sie in eines der wenigen Waldgebiete Dithmarschens. Hier stehen Sie zugleich am Eingang zur „Steinzeit-Landschaft", die mit einer Informationstafel am Wegesrand angekündigt wird.

Die Umgebung von Albersdorf gilt als die „klassische Quadratmeile der Archäologie Nordwestdeutschlands". Mit 37 Denkmälern aus der jüngeren Steinzeit (3000 bis 1800 v. Chr.) und der Bronzezeit (1800 bis 600 v. Chr.) besitzt diese Gemeinde eines der interessantesten vorgeschichtlichen Gebiete in Schleswig-Holstein.

Was sich normalerweise nur dem geschulten Auge des Archäologen erschließt, wird in Kürze auch für den interessierten Laien nachvollziehbar sein. Ein Teil des Waldes und der angrenzenden Felder wird sich in den kommenden Jahrzehn-

Der unscheinbar aussehende Hügel links ist ein Grabhügel aus der älteren Bronzezeit, also um das Jahr 1700 v. Chr.

ten in eine steinzeitliche Kulturlandschaft zurückverwandeln. Im Frühsommer 1997 begannen auf einer Fläche von 40 Hektar die Arbeiten am Archäologisch-Ökologischen Zentrum Albersdorf (AÖZA). Es entsteht ein Naturerlebnisraum mit der Bewaldung und dem Ackerbau, den Häusern und den Dingen des Alltags, wie sie in der Jungsteinzeit vor etwa 4000 bis 5000 Jahren hier zu sehen waren. Erste Arbeiten des Projektes können Sie schon jetzt entlang des Wanderweges entdecken.

Während Sie unter Eichen und Buchen geradeaus weiterspazieren, öffnen kleine Fensterrahmen Ihren Blick für den steinzeitlichen Acker, aus dem ein mehr als 3000 Jahre alter Grabhügel unter knorrigen Bäumen herausragt. Am Feldrand sehen Sie erste Bauarbeiten für ein Steinzeitdorf, wie es schon vor Jahrtausenden hier gestanden haben könnte. Sobald Sie dem Zeichen der blauen Glockenblume nach rechts gefolgt sind, werden Sie eine erste Lichtung des zukünftigen Steinzeitwaldes sehen, in dem es einst keine Nadelhölzer, aber dafür Weideplatz für die Haustiere gab.

Der breite Naturweg führt jedoch vorerst noch durch einen neuzeitlichen Mischwald, in dem Sie bei genauem Hinsehen bald weitere archäologische Erdhügel entdecken können. Große Findlinge markieren links ein 45 Meter langes Riesenbett, eine Grabanlage für mehrere Bestattungen aus der Jungsteinzeit.

Dahinter wölbt sich ein bronzezeitlicher Grabhügel. Rechts folgt ein kleinerer Grabhügel und dann ein 60 Meter langes Hünenbett, das Sie mit etwas Phantasie auch noch als solches erkennen können. Hinter dem Abzweiger nach links stoßen Sie bald auf die nächsten Riesenbetten und ein Großsteingrab, das – anders als der Brutkamp – noch unter einem Erdhügel verborgen ist. Nach etwa der Hälfte des Rundweges spazieren Sie nach rechts aus der steinzeitlichen Kulturlandschaft hinaus, steigen einen breiten Waldpfad hinauf und blicken hinab auf die Spuren der Eiszeit im idyllischen Tal der Giselau.

Die inzwischen renaturierte Talaue entstand durch das Schmelzwasser eines Gletschers nach der letzten Eiszeit vor etwa 10 000 Jahren. Jahrhundertelang galt das sumpfige und moorige Flusstal als Verkehrshindernis. Es konnte nur an der so genannten Fallohfurt, nahe des heutigen Wanderweges, durchquert werden. Als Teil des Ochsenweges war die Furt bis in die frühe Neuzeit die

Das Land war feucht, das Wasser nah – da war den Menschen damals ein Einbaum sehr wichtig. Dies ist selbstverständlich ein Nachbau.

Wenn im AÖZA Aktionstage sind, dann wird aber auch wirklich agiert: Hier werden vorgeschichtliche Handwerkstechniken demonstriert.

einzige feste Landverbindung zwischen Dithmarschen und Holstein. Bis heute füllen kleine Fischteiche das Tal der Giselau.

An den blaugrün schimmernden Wasserflächen entlang spazieren Sie oberhalb des Tales weiter durch den Wald, geradewegs bis zum alten Ochsenweg. Dem ehemaligen Heer- und Handelsweg folgen Sie allerdings nur etwa 100 Meter, bevor Sie noch vor dem Bahnübergang nach links abzweigen in die „Albersdorfer Schweiz".

Diese Bezeichnung muss wohl ein touristischer Spaß sein, denn große Höhenunterschiede müssen Sie nicht überwinden, ehe Sie zu „Lisbeth ehrn Diek" gelangen.

Dieser Name erinnert an die Geschwister Lisbeth und Hannes Buhlmann. Ihnen gehörten einst die Ländereien rund um die zwei Teiche am Wanderweg, die sie der Gemeinde Albersdorf stifteten.

Rechts an den Teichen entlang folgen Sie weiter dem Weg der blauen Glockenblume, der nach einer kleinen Linkskurve geradeaus nach Albersdorf zurückführt. Unterwegs können Sie zwischen den hohen Bäumen schon das letzte Souvenir der Steinzeit erspähen, den Kaiserberg, zu dem Sie kurz vor dem Waldausgang nach links abbiegen.

Dieser 14 Meter hohe Grabhügel aus der Bronzezeit hieß früher einmal Eichbarg, bis den kaisertreuen Albersdorfern dieser Name nicht mehr zeitgemäß erschien. Inzwischen stehen nicht mehr nur Eichen auf dem Erdhügel, sondern auch ein Aussichtsturm. Bei schö-

nem Wetter bietet sich in 21 Meter Höhe ein herrlicher Rundblick über die Umgebung von Albersdorf bis zu den Hochbrücken am Nord-Ostsee-Kanal bei Hochdonn und Rendsburg.

Um den Aussichtshügel herum weist Ihnen die blaue Glockenblume den Weg zurück zum Brutkamp-Stein und damit zum Ausgangspunkt der Rundwanderung.

Anfahrt mit dem Auto

Von Rendsburg auf der B 203 bis zum Abzweig nach Albersdorf. Im Dorf zunächst nach links in Richtung A 23, dann dem touristischen Wegweiser zum „Brutkamp" folgen, d. h. in die zweite Straße links (Wulf-Isebrand-Straße) einbiegen, an der Schule nach rechts bis zum Parkplatz.

Von der A 7, Abfahrt Neumünster-Mitte, auf der B 430 in Richtung Itzehoe bis nach Schenefeld, dann auf der B 204 in Richtung Heide bis nach Albersdorf. Hinter dem Ortseingang an der dritten Straße (Wulf-Isebrand-Straße) rechts abbiegen, an der Schule noch einmal nach rechts zum Parkplatz.

Von der A 23, Abfahrt Albersdorf, in den Ort hinein und an der dritten Straße (Wulf-Isebrand-Straße) rechts abbiegen, an der Schule noch einmal nach rechts zum Parkplatz.

Anfahrt mit der Bahn

Von Neumünster oder von Heide mit der Regionalbahn der AKN bis Albersdorf. Vom Bahnhof die Bahnhofstraße entlang. Nach rund 200 m links in die

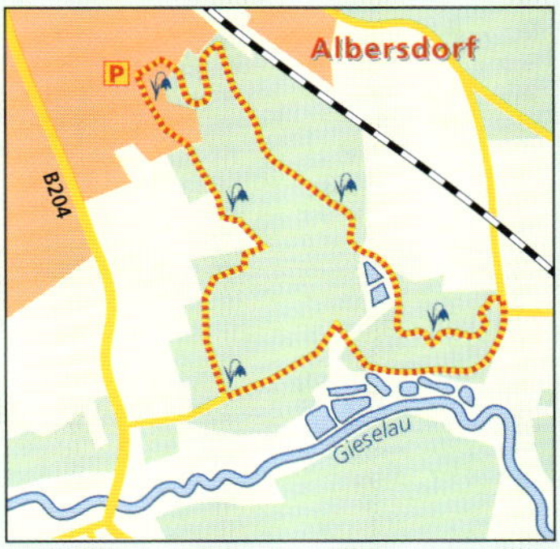

Straße „Brutkamp" einbiegen und dieser gut 400 m folgen bis zum Ausgangspunkt der Rundwanderung am Parkplatz der Schule.

Hier können Sie weitere Informationen und fachkundige Führungen für Gruppen ab 8 Personen bestellen:
Gemeinde Albersdorf
Bahnhofsstraße 23
25767 Albersdorf
Tel: 0 48 35 / 9 79 70
Fax: 0 48 35 / 97 97 97

Für die Rastpause nach dem Spaziergang

Die schnellste Orientierung bietet die große Überblickskarte von Albersdorf und Umgebung am Parkplatz, auf der alle Restaurants und Cafés des Luftkurortes verzeichnet sind.

Wo Seemänner (fast) zu Landratten werden

Von der Elbe zum Brunsbütteler Schleusentor

Drei Stunden laufend große Schiffe beobachten, die binnen kurzer Zeit von der Elbe im Binnenland zwischen Nord- und Ostsee verschwunden sind – das geht nur in Brunsbüttel.

Der grüne Markt mit seinen kleinen Häusern und der barocken Backsteinkirche hätte mühelos Platz im Bauch eines jeden Ozeanriesen, der am nahe gelegenen Elbdeich vorbeigleitet. Als dieser historische „Dorfkern" von Brunsbüttel im 17. Jahrhundert erbaut wurde, zeigten sich die Größenverhältnisse eher umgekehrt. Da konnten die Brunsbütteler noch in Windeseile ganze Schiffe verschwinden lassen, oder zumindest deren Inhalt.

1286 wurde Brunsbüttel zum ersten Mal urkundlich erwähnt, als die Elbanwohner dem Bremer Erzbischof und dem Hamburger Rat vertraglich zusichern mußten, dass sie zukünftig keine hanseatische Handelskoggen mehr ausrauben würden. Ihr Recht auf die in der Elbe gestrandeten Schiffe ließen sich die Brunsbütteler Fischer und Bauern aber nie so recht streitig machen und bis 1674 konnten sie auch jedes Schiffsunglück schon von ihren Stubenfenstern sehen. Nach einer großen Sturmflut mussten sie Alt-Brunsbüttel jedoch der Elbe überlassen und bauten ihr kleines Dorf hinter dem Deich neu auf. Ein vorausschauender Kirchspielvogt namens Matthias Boie hatte schon um 1650 den Friedhof dorthin verlegen lassen, wo heute der grüne Kirch- und Marktplatz ist. Das Grab dieses Vordenkers für Neu-Brunsbüttel ist, wie auch der Friedhof, nicht mehr erhalten. Daher wurde das 1729 erbaute Diakonat nach ihm benannt.

Mit etwas maritimer Phantasie könnten Sie die grünen Fachwerkbalken des Matthias-Boie-Hauses durchaus für die seemännische Markierung der Steuerbord-Seite, also der rechten Seite des Marktplatzes halten. Wenn Sie sich davor nach backbord (links) wenden, laufen Sie geradewegs in die Deichstraße und damit der Elbe entgegen. Nach einer Rechtskurve sehen Sie schon von Ferne die Strandhalle. Gleich daneben erleichtert Ihnen eine Treppe den Aufstieg zur Deichkrone und schon können Sie über den breiten Unterlauf der Elbe schauen. Dort, wo einst das berühmt-berüchtigte „Piraten-Dorf" Brunsbüttel gestanden hat, verläuft heute eine der wichtigsten Wasserstraßen Deutschlands.

Wo früher die Fracht landete, landet heute die Yacht – im einstigen Frachthafen von Brunsbüttel. *Foto: Fotoagentur Helga Lade*

Große Containerriesen, kleinen Lotsenschiffe und meist auch viele Sportboote steuern durch die Fahrrinne elbeaufwärts dem Hamburger Hafen oder aber dem Nord-Ostsee-Kanal entgegen. Kaum sind Sie ein Stück nach links auf dem Deich entlangspaziert, werden Sie schon den rot-weißen Mohlenkopf Nummer 4 erblicken, der die Einfahrt zum Neuen Vorhafen des Kanals markiert. Doch bevor Sie dort ankommen, spazieren Sie am ehemaligen Walfängerkontor vorbei zunächst um den Alten Hafen von Brunsbüttel herum.

Gemeint ist damit eine Bucht, die nach dem Deichschluss 1762 entstanden war. Fast fünf Jahrzehnte mussten die Brunsbütteler nach der Weihnachtssturmflut 1717 um ihre Sicherheit fürchten. Erst dann war der etwa 100 Meter breite Bruch im Deich endlich vollständig repariert. Danach entwickelte sich der „Neuenkoogshafen" rasch zu einem wichtigen Handels- und Fährhafen an der Westküste. Auf und hinter dem Deich bauten Schiffsmakler, Kornhändler, Seeleute und Handwerker ihre Häuser, die zum Teil noch heute erhalten sind. Mit dem Bau des Nord-Ostsee-Kanals verlor der Frachthafen jedoch seine eigentliche Bedeutung. Heute ist er aber ein sehr beliebter Yachthafen.

Am ehemaligen Zollhaus, einem roten Backsteinhaus am Ende des Hafenbeckens, können Sie entscheiden, ob Sie noch eine Weile den Schiffsverkehr auf der Elbe beobachten oder nun langsam der Einfahrt zum Nord-Ostsee-Kanal entgegenschlendern wollen. Dann laufen Sie weiter auf dem Deich ganz um den Alten Hafen herum. Wenn auf der Elbe jedoch ein Ozeanriese gerade Kurs auf die Kanaleinfahrt nimmt und Sie das imposante Schleusen-Schauspiel von Anfang bis Ende miterleben wollen, können Sie geradeaus durch eine Schrebergartenkolonie gehen und stehen binnen weniger Minuten am Rande der Neuen Schleuse.

In einer guten Dreiviertelstunde wird ein Fracht- oder Kreuzfahrtschiff bis zu 310 Meter Länge durch das Tor zum Nord-Ostsee-Kanal geschleust, das seit der Kanalerweiterung 1914 geöffnet ist. Kleinere Schiffe bis zu 125 Meter Länge passieren die Alte Schleuse, die mit der Kanaleröffnung 1895 in Betrieb genommen wurde. 1886 hatte Kaiser Wilhelm I. das „Gesetz betreffend die Herstellung des Nord-Ostsee-Kanals" erlassen und ein Jahr später höchstpersönlich den Grundstein für die 99 Kilometer lange Wasserstraße zwischen Nord- und Ostsee gelegt. Am 20. Juni 1895 startete Kaiser Wilhelm II. mit seiner Yacht „Hohenzollern" zur Eröffnungsfahrt von Kiel-Holtenau bis nach Brunsbüttel und taufte den neuen Kanal zu Ehren seines Großvaters „Kaiser-Wilhelm-Kanal". Mit der Kanaleröffnung 1895 begann die sprunghafte Besiedlung von Brunsbüttel-Koog, das schon 1949 zur Stadt erklärt wurde. Im Zusammenschluss von Brunsbüttel-Koog, Brunsbüttel-Ort und umliegenden Gemeinden entstand 1970 die Stadt Brunsbüttel, die heute rund 14 000 Einwohner zählt.

Da können die Gänse nur staunen: Auch der große Pott da draußen kam quer durch Schleswig-Holstein in die Elbe! *Foto: Wandmacher*

Nach einer Schleusenbesichtigung sollten Sie sich natürlich den schönsten Ausblick auf das Tor zur meistbefahrenen Kanalstraße der Welt nicht entgehen lassen und eine (kostenlose) Fährfahrt zum anderen Ufer machen. Am Südkai und der Alten Zentrale entlang können Sie bis zum Elblotsenhaus an der Alten Schleuse gehen. Nach der Rückfahrt mit der kleinen Fähre müssen Sie nach links nur bis zur Koogstraße und spazieren dann durch das neuzeitliche Stadtzentrum bis zur Brunsbütteler Straße. Wenn Sie dort nach links abgebogen sind, gehen Sie nur noch geradeaus, durch die Hauptstraße und die Süderstraße, zurück zum ehemaligen Dorfplatz von Brunsbüttel und sind wieder am Ausgangspunkt des Rundweges.

Anfahrt mit dem Auto

Von der A 7, Abfahrt Neumünster-Mitte, auf die B 430 und dann auf der B 77 in Richtung Itzehoe, Ortsdurchfahrt, oder von der A 23, Abfahrt Itzehoe, zur B 5 in Richtung Brunsbüttel/Wilster. Nach der Hochbrücke über den Nord-Ostsee-Kanal von der B 5 in Richtung Brunsbüttel-Zentrum, geradeaus bis zum Ende des Olof-Palme-Dammes, dann nach rechts in die Süderstraße abbiegen. Parkplatz nahe der Jacobuskirche vor dem Museum.

Anfahrt mit Bus und Bahn

Mit der Regionalbahn bis Itzehoe oder St. Michaelisdonn, dann mit dem Bus bis Brunsbüttel-ZOB.

Kanalfähre Brunsbüttel
Kostenlos, 5.30 – 23.00 Uhr alle 10 Minuten (ansonsten alle 20 Minuten).
Tel: 0 48 52 / 88 50 (Wasser- und Schiffahrtsverwaltung)

Schleusenbesichtigung
Eingang von der Nordseite, Information über Öffnungszeiten: 0 48 52 / 88 52 13.

Wegweiser für die Rastpause

Schon wenige hundert Meter nach dem Start: ***Strandhalle***
Traditionsreiches Ausflugscafé mit Elbblick.
Tel: 0 48 52 / 66 00

Di – So 12.00 – 21.00 Uhr, warme Küche 12.00 – 14.00 Uhr und 18.00 – 21.00 Uhr.

Nach der Überfahrt über den Nord-Ostsee-Kanal

Lütt Stuv
Café-Restaurant an der Kanalmündung.
Cuxhavener Straße 10
Tel: 0 48 52 / 88 34 62
Di – So 11.00 – 21.00 Uhr, durchgehend warme Küche und nachmittags Kaffee und Kuchen.

Lotsenhaus
Maritime Küche an der Alten Schleuse für Ausflugsgäste und Elblotsen.
Tel: 0 48 52 / 85 45
November bis April:
So – Fr 10.00 – 14.00 Uhr und 17.30 – 21.00 Uhr (Samstag Ruhetag); Mai bis Oktober: täglich 10.00 – 21.00 Uhr, 14.00 – 17.30 Uhr nur Kaffee und Kuchen.

Zwischen Bauernhöfen und Containerschiffen

Rundweg von der tiefsten Landstelle zum Nord-Ostsee-Kanal

Der dreistündige Spaziergang beginnt weit unter dem Meeresspiegel und führt dann quer durch die Bauernhöfe der Wilstermarsch hoch hinaus auf einen Deich mitten im Binnenland, an dem tagtäglich Hochseeschiffe aus aller Welt vorübergleiten.

So unglaublich es von Ferne scheinen mag, so ist es doch wahr. Mitten in der Wilstermarsch ist ein kleines Stück Weideland eingezäunt und beflaggt. Munter flattern die bundesdeutsche und die schleswig-holsteinische Fahne im Wind, der ungehindert über das platte Land weht.

Kaum haben Sie aber den Parkplatz nahe des Dörfchens Neuendorf erreicht, können Sie des Rätsels Lösung an einem braunen, handgeschnitzten Holzpfahl ablesen: Sie stehen am Ausgangspunkt Ihrer Wanderung 3,54 Meter unterhalb des Meeresspiegels und damit an der tiefsten Landstelle Deutschlands.

Seit dem 5. September 1988 weiß man in der Gemeinde Neuendorf bei Wilster, dass die „Zugspitze im Minusbereich" nicht in Ostfriesland liegt. Dort wurden in der Gemeinde Freepsum „nur" 2,30 Meter unter NN (Normal Null) gemessen. Wie die tiefste Landstelle, so ist auch ein Großteil der gesamten Wilstermarsch im Laufe der vergangenen Jahrhunderte immer weiter unter den Meeresspiegel abgesackt. Eigentlich ist das Gebiet zwischen Elbe, Stör und Nord-Ostsee-Kanal eine der ältesten Landschaften an der schleswig-holsteinischen Westküste, die während einer Verlandungsphase vor 3000 bis 4000 Jahren entstand. Nach einer erneuten Überflutung wurde das entstandene Marschland unter Schlickmassen begraben, bevor es um die Jahrtausendwende erneut verlandete. Sehr weiche und mit hohem Wassergehalt versehene Sinkstoffe sorgten für das Absacken des moorigen Untergrundes. Dieser Prozess wurde durch Entwässerungsmaßnahmen weiter gefördert.

Wenn die Marschlandschaft nicht von Menschenhand kontrolliert werden würde, gäbe es die tiefste Landstelle bei Neuendorf überhaupt nicht. Dann läge der durchschnittliche Wasserstand zwischen den Gezeiten hier bei etwa 2,50 Meter, wie am zweiten Holzpfahl mit NN markiert ist. Als Vergleich dazu sind auch die Sturmflut-Höhen aus der Zeit zwischen 1825 und 1981 eingezeichnet, die jedoch alle unterhalb der Höhe des heutigen Elbdeiches bleiben.

Foto: Fotoagentur Helga Lade

Was von Ferne wie Millimeterarbeit aussieht, ist aus nächster Nähe betrachtet ungefährlich: die Kreuzung von Wasser- und Schienenweg bei Hochdonn.

Mit seiner Höhe von acht Meter reicht der Schutz bis in die nördliche Wilstermarsch, sodass Sie trockenen Fußes nach links ein kurzes Stück an der Landstraße entlang und dann nach rechts in die Wiesen hineinspazieren können. Auf dem asphaltierten Stadtmoor-Weg, der auch als Radweg Nr. 1 gekennzeichnet ist, wandern Sie kilometerweit durch die weite, menschenleere Marschlandschaft.

Da könnte es Ihnen leicht wie eine Fata Morgana erscheinen, wenn am Horizont zwischen den dunstverschleierten Baumsilhouetten plötzlich der Schornstein eines riesigen Containerschiffes hindurchgleitet oder sich ein Zug wie eine kleine Raupe langsam über die weit entfernte Eisenbahnhochbrücke von Hochdonn schiebt.

Sobald Sie aber an der Weggabelung nach links der betonierten Spur zum Bauernhof Stadtmoor folgen, ruft Sie bestimmt eine Herde Kühe in die bäuerlich geprägte Realität der Wilstermarsch zurück. Dem Hofbesitzer Thomas Baasch können Sie auch gern beim Melken oder bei der Kälberfütterung zuschauen, bevor Sie quer durch seinen Kuhstall geradeaus weiter Ihres Weges gehen. Erst vor der nächsten Scheune müssen Sie nach links abbiegen, um schon bald über einen weiteren Bauernhof zu spazieren. Hier dürfen Sie jedoch nicht vergessen, das eiserne Hoftor wieder zu schließen. Nachdem Sie dann die nahe gelegene Brücke überquert haben, gehen Sie rechts auf dem Deich der kleinen Wilsterau entlang.

Ohne diesen winzigen Fluss wären weder die umliegenden Milchviehbetriebe noch das Leben in Wilstermarsch denkbar, da er das Auffangbecken für das gesamte Entwässerungssystem ist. Auf jeder Weide sind eine Vielzahl so genannter Grüppen gezogen, in denen das Wasser zuerst bis zum nächstgrößeren Graben abgeleitet wird. Am Ende der weit verzweigten Kette von Entwässerungsgräben wird das Wasser in die Wilsterau gepumpt und fließt an ihrer natürlichen Mündung in die Stör. Seit der Fertigstellung des Nord-

Ostsee-Kanals 1895 hat die kleine Au auch eine künstliche Mündung, an der das landschaftliche Gefälle mit Pumpen überbrückt werden muss. Das Schöpfwerk der Wilsterau ist jedoch nur eines von insgesamt 19, mit denen das 250 Quadratkilometer große Niederungsgebiet entwässert wird. Insgesamt dient der Kanal als Vorfluter für ein Einzugsgebiet von 1580 Quadratkilometern.

Vor der Pumpstation der Wilsterau spazieren Sie etwa nach der Hälfte der Rundwanderung geradewegs auf den Kanaldeich und erleben aus nächster Nähe, was Ihnen aus der Ferne noch etwas mysteriös erschien.

Sie können sogar mit dem Pferd zur tiefsten Landstelle fahren. *Foto: Geisler*

Mit erhabener Langsamkeit gleitet ein hoch beladener Ozeanriese oder sogar ein elegantes Kreuzfahrtschiff direkt an Ihnen vorbei. Im Kontrast dazu erscheinen Ihnen dann die Sportboote oder auch die Burger Kanalfähre wie wassertaugliche Nussschalen. Wenn Sie den Verkehr auf der meistbefahrenen Wasserstraße der Welt aus maritimer Perspektive miterleben wollen, sollten Sie einfach die Fähre besteigen und sich einmal hinüber- und wieder zurückschippern lassen.

Rund 37 000 Handelsschiffe aus etwa 80 Ländern und mehr als 18 000 Sportboote passieren alljährlich den Kanal zwischen Nord- und Ostsee, der international als „Kiel-Canal" bekannt ist. Im Vergleich zum Weg über das Skagerrak verkürzt er die Zufahrt zur Ostsee um etwa 250 Seemeilen, das sind etwa 460 Kilometer. Zwölf Ausweichstellen bieten die nötige Sicherheit für Gegenverkehr auf der nur 162 Meter breiten Wasserstraße. Für eine kostenlose Landverbindung zwischen den künstlich getrennten Ufern sorgen 14 Fähren und zehn Brücken.

Am südlichen Horziont wird das maritime Panorama von der modernen Straßenhochbrücke vor Brunsbüttel überspannt. Wenn Sie gen Norden dann noch die 1920 fertiggestellte Eisenbahnhochbrücke fast in voller Länge von 2,2 Kilometern bewundern, haben Sie während der Fährüberfahrt insgesamt 18 Kilometer des Kanals im Überblick. Sobald

Sie wieder an Land sind, beginnt der Rückweg entlang der Straße nach Aebtissinenwisch. Nachdem Sie die Kreisgrenze zwischen Dithmarschen und Steinburg passiert haben, bietet Ihnen ein Fußgängerweg eine Alternative zum Straßenrand. Der dritte Landweg auf der linken Seite, der nur bis 5,5 Tonnen zugelassen und als Sackgasse ausgewiesen ist, führt Sie dann wieder querfeldein. Bald haben Sie das Ufer der Wilsterau erreicht und folgen den Windungen der Au bis zur Burger Landstraße. Schon von weitem werden Sie links wieder die Fahnen an der tiefsten Landstelle wehen sehen. Von hieraus sollte es Ihnen dann nicht mehr schwer fallen, zum Ausgangspunkt des Rundweges zurückzufinden.

Anfahrt mit dem Auto

Von der A 7, Abfahrt Neumünster Mitte, bis Itzehoe oder A 23, Abfahrt Itzehoe, dann auf die B 5 in Richtung Brunsbüttel bis zur Abfahrt nach Wilster. Von dort in Richtung Aebtissinenwisch, Burg. Parkplatz nach der Ortsdurchfahrt Neuendorf an der tiefsten Landstelle.

Von Meldorf auf der B 431 bis nach Hochdonn, von dort in Richtung Burg, (kostenlose) Kanalüberfahrt in Richtung Aebtissinenwisch bis zum Parkplatz an der tiefsten Landstelle.

Wegweiser für die Rastpause

Nach der Hälfte der Strecke: Fährfahrt zum ***Burger Fährhaus***
Dithmarscher Gasthaus mit Blick auf den Nord-Ostsee-Kanal.
Tel: 0 48 25 / 24 17
Di – So 11.00 – 22.00 Uhr, warme Küche 12.00 – 14.00 Uhr und 18.00 – 21.00 Uhr, Montag Ruhetag (Januar bis März: nur Wochenende geöffnet).

Über die Nordsee-Wiesen im Binnenland

Radwanderweg Nr. 8 von Wilster durch die Wilstermarsch

Die dreistündige Tour an den Ufern der Stör entlang lässt die grüne Stille einer Landschaft erleben, die vor mehreren tausend Jahren vom Meer erschaffen wurde und die sich dann unter seinem Einfluss jahrhundertelang immer wieder verändert hat.

Niemand käme vermutlich heute auf den Gedanken, in Wilster nach einem Hafen zu fragen. Der wirtschaftliche und kulturelle Mittelpunkt der Wilstermarsch ist etwa zehn Kilometer Luftlinie von der Elbe und noch viel weiter vom Nordseeufer entfernt.

Noch unrealistischer wird Ihnen dieser Gedanke erscheinen, wenn Sie die Wilsterau, die einzige Wasserstraße des Ortes, erreicht haben. Doch zuvor müssen Sie natürlich aus der Innenstadt hinausfahren, den Wegweisern in Richtung Itzehoe folgen und vor der Polizeistation nach rechts in die Johann-Meyer-Straße abbiegen. Vom Bischofer Deich führt Sie das Symbol für den Radrundweg Nr. 8 links in den Bischofer Weg. Dann radeln Sie schon bald an der kleinen Au entlang, die Wilster einst zu maritimem Ruhm und Reichtum verholfen hat.

Foto: Geisler

Als ob die Zeit stille steht: die Wilsterau.

Seit dem Mittelalter segelten Handelskoggen mit Milch- und Fleischerzeugnissen aus der fruchtbaren Wilstermarsch die Au hinab bis zur Stör und weiter über die Elbe bis nach West- oder Südeuropa. Um 1600 zählte die Wilsteraner Flotte 26 Schiffe. Ein letztes Zeugnis des damaligen Wohlstandes ist das 1585 erbaute Alte Rathaus, das heute zu den schönsten Renaissancegebäuden in Schleswig-Holstein gehört. In den darauf folgenden Jahrhunderten konnten sich die kleinen Schiffe aus der Marsch jedoch immer weniger gegen die Frachtriesen aus Hamburg und den Küstenorten durchsetzen. Die Wilsterau verlor ihre maritime Bedeutung und Wilster wurde Hauptort der bäuerlich geprägten Marsch.

Würzige Landluft weht Ihnen um die Nase, während Sie auf der schmalen Asphaltstraße zwischen dem Flüsschen zur rechten und großen Bauernhöfen zur linken Seite bis nach Kasenort radeln.

Hier, an der Mündung der Wilsterau in die Stör, lässt selbst ein reger Ausflugsverkehr nur erahnen, wie es zugegangen sein muss, als die alte Schleuse noch das Wilsteraner Tor zu den Weltmeeren war. Die historische Holzklappbrücke wirkt wie ein „Mitbringsel" der holländischen Einwanderer, die jahrhundertelang für trockene Füße in der Marsch gesorgt haben.

Vielleicht haben Sie Lust, ganz in der Nähe eine letzte „holländische Jungfer" kennenzulernen? Dann sollten Sie sich kurzzeitig von Ihrem Radrundweg Nr. 8 abbringen lassen und links der Nr. 9 zur „Bockmühle" von Honigfleth folgen.

Diese Schöpfwindmühle nannte der Volksmund holländische Jungfer, da es sich dabei um die Kombination einer alten Bockwindmühle und der neuen Holländermühle handelt, die in den Niederlanden entwickelt wurde. Weit über 300 solcher Windmühlen haben im 18. und 19. Jahrhundert die Marsch trocken gehalten, die zum größten Teil unterhalb des Meeresspiegels liegt.

Mit Hilfe der Windkraft wurde das Wasser, das sich zuvor in den weit verzweigten Entwässerungsgräben gesammelt hat, in den nächsthöheren Graben und schließlich in die Au „gemahlen". Diese wartungsaufwendigen Holzkonstruktionen wurden erst Anfang des 20. Jahrhunderts von selbstregulierenden Windkraftschöpfrädern verdrängt.

Wieder zurück auf Ihrem eigentlichen Rundweg, fahren Sie weiter am Deich der Stör entlang. Erst am Ortseingang von Bekmünde ermöglicht Ihnen eine Treppe den Aufstieg auf die Deichkrone und den Ausblick auf den Flusslauf im gewundenen Bett eines eiszeitlichen Urstromtales. Links leuchtet Ihnen von Ferne der weiße Turm vom Barockschloss Heiligenstedten entgegen und deutet an, wo Sie den kurvenreichen Fluss überqueren werden. Auf der anderen Seite der Stör sollten Sie für eine Weile den Fahrradsattel mit der bereitstehenden Bank vertauschen und das historische Flusspanorama von Heiligenstedten genießen.

Vielleicht setzt sich gerade zu diesem Zeitpunkt die moderne Klappbrücke in Bewegung und steht Minuten später Spalier für eine der Schuten, die mit Getreide oder Baumaterialien flussabwärts in Richtung Elbe schippern. Lohnenswert ist natürlich auch der Abstecher zum Heiligenstedtener Schloss, das seit der Mitte des 18. Jahrhunderts auf dem traditionsreichen Boden eines mittelalterlichen Adelsgutes steht. Der derzeitige Eigentümer, der sich seit 1990 um die Erhaltung des jahrzehntelang verfallenen Herrenhauses und den Ausbau zum Reitsportzentrum kümmert, wird Ihnen jedoch keinen Blick hinter die sanierten Fassaden gestatten.

Eine „Stöpe" – ein verschließbarer Deichdurchgang. Foto: Thiemann

Ungehindert können Sie dagegen den weiten Ausblick über das grüne Marschland genießen, wenn Sie vom Stördeich in Richtung Heiligenstedtener Kamp abgebogen sind. Inmitten dieser ursprünglichen Wiesen- und Weidelandschaft wirken die Stör-Hochbrücke und die moderne Silhouette der Kreisstadt Itzehoe geradezu futuristisch. Auf die Spuren der ältesten Besiedlung dieser Region werden Sie dann am Wegesrand in Hodorf aufmerksam gemacht.

Inzwischen haben Sie nicht nur die Hälfte des Rundweges hinter sich, sondern auch den Stör-Deich wieder erreicht. Bald darauf fahren Sie in Bahrenfleth durch eine Stöpe, einen verschließbaren Deichdurchbruch, direkt bis ans Ufer der Flusses. Es folgt ein zweiminütiger Drahtseilakt: Die historische Störfähre setzt Sie nach Beidenfleth über.

Zwischen beiden Ufern ist eine mehrere Zentimeter dicke Stahltrosse gespannt, an der das Fährschiff über die Stör gezogen wird. Mit Motorkraft reguliert der Fährmann nur die Fahrgeschwindigkeit und gleicht Strömungsunterschiede aus, die durch den Wechsel von Ebbe und Flut entstehen. Durch ihre direkte Verbindung zum Gezeitenrhythmus von Elbe und Nordsee variiert der Wasserstand der Stör um etwa drei bis vier Meter.

Durch eine weitere Stöpe fahren Sie in das historische Dorf Beidenfleth hinein, das anlässlich der Verhandlungen zwischen Kaiser Karl dem Großen und dem Dänenkönig Göttrik schon um 810 erstmals erwähnt wurde. Die „8" Ihres Radrundweges führt Sie jedoch an einer mittelalterlichen Kirche vorbei und dann einem neuzeitlichen Mühlenensemble entgegen. Der 1813 erbaute Galerieholländer „Fortuna" steht zwar heute unbewegt in der Landschaft. Dafür begleitet das geräuschvolle Surren der modernen Windräder Ihren Rückweg nach Wilster.

Auf der Rathausstraße fahren Sie bis zum neuen Rathaus, dem 1785 erbauten Doos'schen Palais, und biegen dann links zur St. Bartholomäus-Kirche ab, die wie der Hamburger Michel vom Kirchenbaumeister Georg Sonnin errichtet wurde. Von hier aus geht es dann zurück zum Ausgangspunkt der Rundtour.

Anfahrt mit dem Auto

Von der A 7, Abfahrt Neumünster Mitte, bis Itzehoe oder A 23, Abfahrt Itzehoe, dann auf die B 5 in Richtung Brunsbüttel bis zur Abfahrt nach Wilster. Nach der Ortseinfahrt Parkmöglichkeiten in der gesamten Innenstadt.

Anfahrt mit der Bahn

Mit der Regionalbahn ab Hamburg, Elmshorn oder Itzehoe nach Wilster. Bahnhofstraße entlang, nach links über den Bahndamm der Hauptstraße (Klosterhof) folgen bis zum Fahrradverleih 1an der Burger Straße.

Fahrradverleih Lamberty
Burger Straße 15
Tel: 0 48 23 / 82 16
Mo – Fr 7.30 – 18.00 Uhr,
Sa 9.00 – 13.00 Uhr oder nach Vereinbarung.

Störfähre Beidenfleth
Tel: 0 48 29 / 13 01
Täglich zwischen 6.00 und 20.00 Uhr.

Marschenrundfahrt Wilster-Kasenort und Wilster-Averfleth
Personenschiffahrt Brandt Wilster
Tel: 0 48 23 / 9 26 10
Mai bis Oktober: jeden 2. und 4. Sonntag im Monat, 14.00 Uhr ab Wilster/Michaelsenbrücke.

St. Bartholomäus-Kirche Wilster
Täglich 8.00 – 17.00 Uhr
(Tür an der Nordseite).
Kirchenbüro: 0 48 23 / 2 55

Kirche St. Nicolai Beidenfleth
April bis Oktober: täglich
8.00 – 18.00 Uhr oder n.V.
Pastorat: 0 48 29 / 12 00

Wegweiser für die Rastpause

Nach dem ersten Drittel der Strecke, Heiligenstedten:

Orangerie
Ehemals Torhaus, heute der öffentlich zugängliche Teil vom Schloss Heiligenstedten, in dem sich stilvoll Kaffee trinken oder auch speisen lässt.
Tel: 0 48 21 / 8 73 35
Täglich 11.30 – 22.00 Uhr

Nach der Rundfahrt in Wilster:
z. B. zum ***Café Egge***
Kaffee, Kuchen oder Mittagstisch mit Blick auf die Sonnin-Kirche.
Tel: 0 48 44 / 2 11
Täglich 7.30 – 20.00 Uhr,
warme Küche: 11.00 – 14.00 Uhr und 17.00 – 20.00 Uhr.

Im Schattenreich der tolldreisten Reichsgrafen

Rund um den Rantzauer See in Barmstedt

Eine Stunde lang geht es – an der Krückau entlang – um die Schlossinsel von Barmstedt herum und überall werden Erinnerungen an die sagenumwobene Herrschaft der Grafen von Rantzau sichtbar, die gerade einmal 76 Jahre währte.

Geschichtsbewusst bekennen sich die Barmstedter bis heute zu dem holsteinischen Adelsgeschlecht, das ihre Vorfahren im 17. und 18. Jahrhundert regiert hat. Das Amt, das die Kleinstadt und umliegende Dörfer verwaltet, heißt nicht etwa „Amt Barmstedt", sondern wie die ehemalige Grafschaft „Amt Rantzau".

So idyllisch kann ein Schlossgefängnis aussehen.
Foto: Steenbuck

Auch der verschlungene Pfad um die Schlossinsel herum wird – wie könnte es anders sein – Rantzau genannt. Wenn Sie allerdings von diesem Rantzau-Weg zum einst gräflichen Eiland hinüberblicken, werden Sie zwischen den Bäumen vergeblich nach einem Rantzau-Schloss suchen. Das ist schon 1804 zusammengefallen. Stattdessen stehen Sie dem ehemaligen Schlossgefängnis gegenüber, in dem seit 1824 Tagediebe, gewalttätige oder auch politisch umtriebige Untertanen des dänischen Königs ihre Strafen absaßen.

Um 1140 kamen die Ritter von Barmstede und bauten sich hier ihre Wasserburg. Mit ihrem Aussterben um 1300 fiel die Krückau-Insel und die dazugehörige Stadt an ihre Dienstherren, die Schauenburger Grafen. Als um 1640 auch die Schauenburger Grafen ohne direkte Nachfahren waren, nutzte der königlich-dänische Statthalter Christian von Rantzau die Wirren der Familienstreitigkeiten und erwarb 1649 kurzerhand die Grafschaft Barmstedt. Dank seines diplomatischen Geschicks wurde er ein Jahr später vom deutschen Kaiser in den Stand eines Reichsgrafen erhoben. Trotz der geringen Größe hatte die reichsständische Grafschaft Barmstedt nun Sitz und Stimme auf dem Reichstag des Deutschen Reiches, eine eigene

Auch im begradigten Flussbett hat die Krückau ihre Reize. *Foto: Steenbuck*

Münze, eigene Gerichtsbarkeit und bald darauf auch ein kleines Schloss.

Barmstedt galt als eigenständiges Territorium im dänisch regierten Schleswig-Holstein, das ausschließlich dem deutschen Kaiser unterstellt war. Selbst im Reichstag war der dänische König, der in Deutschland nur den Titel eines Herzogs führen durfte, dem Barmstedter Reichsgrafen nachgeordnet. Doch nur drei Generationen konnte dieses politische Ungleichgewicht überdauern, bevor es auf natürlichem Wege zurechtgerückt wurde. Der damals regierende Reichsgraf Christian Detlev fiel 1721 auf der Jagd einem Attentat zum Opfer. 1726 wurde dann sein Bruder Wilhelm Adolf, der einzige Erbe, wegen vermeintlichen Brudermordes in Dänemark verurteilt und starb 1734 auf der Osloer Festung Akershus. Die freie Reichsgrafschaft fiel automatisch zurück an den dänischen König, der die Grafschaft Rantzau bis zur preußischen Übernahme 1866 von einem Administrator verwalten ließ.

Auf dem kopfsteingepflastertem Rantzau-Weg spazieren Sie an der Schlossinsel entlang, die eigentlich auch Amtsinsel oder vielleicht Administrationinsel heißen könnte.

Schließlich sind alle vier Gebäude, ein schlichtes Herrenhaus und insgesamt drei Gerichtsgebäude, erst im 19. Jahrhundert von dänischen Verwaltern errichtet worden. Die kleine Krückau rauscht kraftvoll in die Tiefe. Schon seit etwa 1000 Jahren bewegen ihre Wasser das Holzrad einer Mühle, in der jedoch längst kein Korn mehr gemahlen wird. Stattdessen entsteht aus der Wasserkraft heute der Strom für moderne Verkaufsräume im Innern des alten Backsteingemäuers. Links neben der Wassermühle fließt noch ein zweiter Strang der Krückau eine breite Treppe hinunter, die im Frühjahr auch in entgegengesetzter Richtung benutzt wird. Dann steigen hier Forellen und Lachse aus den Tiefen der Nordsee zum Laichen in den Rantzauer See hinauf.

Inzwischen sind Sie am eigentlichen Seeufer angekommen, an dem Sie auf breitem Kiesweg entlangspazieren.

Wie ein grün eingerahmtes Wasserbassin liegt der Rantzauer See inmitten der städtischen Parklandschaft. Doch schnell wird Ihnen hier auffallen, dass weder die schnurgerade Uferlinie noch die parallel dazu fließende Krückau ein Werk der Natur sein können. Bis 1934 hatte Barmstedt nur im Frühjahr und im Herbst einen See, wenn der Wassermüller die Krückau vor seiner Mühle aufstaute. 1934 begannen die Begradigung der Krückau und der Bau eines Staubeckens für die Mühle, das 1938 als Rantzauer See zur 800-Jahr-Feier von Barmstedt fertiggestellt wurde.

Nachdem Sie die Holzbrücke über die Krückau überquert haben, lassen Sie den See hinter sich und wandern in die Barmstedter Wiesen- und Kleingartenlandschaft hinein. Aus dieser städtischen Naturoase ragt der lange, spitze Turm der Heilig-Geist-Kirche heraus, den die Barmstedter einfach „Schusterahle“ nennen.

Und zur Rhododendronzeit leuchten die Blüten weit und breit … *Foto: Steenbuck*

An dieses Schuhmacherwerkzeug dachte der Baumeister wohl nicht, als er im Auftrag von Wilhelm Adolf von Rantzau 1717 die Kirche entwarf.

Dem Schuhmacherhandwerk ist die Gegend eng verbunden. Unter der dänischen Administration entwickelte sich Barmstedt zu einer Hochburg des Schusterhandwerkes. Um 1850 waren über 50 Prozent der Männer als Schuhmacher tätig und „Barmstedter Seestiefel“ selbst bei den Hochseefischern in Nordamerika gefragt.

Nach einer Runde um die „Schusterahle“ wandern Sie links in die Chemnitz-Straße hinein, die nicht etwa auf eine Städtepartnerschaft zur Sachsenmetropole Chemnitz, sondern auf den berühmtesten Pastorensohn der Stadt hinweist.

In dieser Straße wurde 1815 Matthäus Friedrich Chemnitz geboren, der im Zuge der aufkommenden Unabhängigkeitsbestrebungen 1844 den Text zu einem Kampflied gegen die Dänenherrschaft schrieb. Dieses Lied „Schleswig-Holstein, meerumschlungen“ ist heute als Hymne Schleswig-Holsteins bekannt.

Am restaurierten Humburg-Haus, einem historischen Fachwerkhaus, vorbei, spazieren Sie links durch das verkehrsberuhigte Zentrum des kleinen Städtchens bis zum Marktplatz und dann wieder zum Rantzauer See zurück. Zwischen Rhododendronbüschen und stattlichen Buchen bietet sich Ihnen ein neuer Anblick der Schlossinsel, den Sie von den Parkbänken oder bei einer Bootsfahrt ausgiebig genießen können. Natürlich sollten Sie das historische Eiland auch aus nächster Nähe anschauen, bevor Sie auf dem Rantzau-Weg zum Ausgangspunkt des Spaziergangs zurückkehren.

Anfahrt mit dem Auto

Von der A 7, Abfahrt Kaltenkirchen bzw. Abfahrt Quickborn, auf die B 4, nördlich von Quickborn Abzweig nach Barmstedt. Auf der Ortsumgehungsstraße in Richtung Pinneberg, Elmshorn bis zur Pinneberger Landstraße, dort ca. 50 m nach rechts bis zum Parkplatz an der Wassermühle in der Straße „Rantzau".

Von der A 23, Abfahrt Tornesch, nach Ellerhoop, dann nach Barmstedt bis zum ersten Parkplatz nach dem Abzweig in Richtung Henstedt-Ulzburg.

Anfahrt mit Bahn und Bus

Mit der Regionalbahn ab Hamburg oder aus Richtung Neumünster bis nach Elmshorn, von dort mit der AKN bis nach Barmstedt.
1) von Barmstedt-Brunnenstraße zu Fuß Kleine Gärtnerstraße bis zum Wellenbad,
2) von Barmstedt-Bahnhof mit HVV-Buslinie Nr. 294 bis zum Rantzauer See (Fahrplan-Auskunft der HVV: 0 40 / 32 26 26).

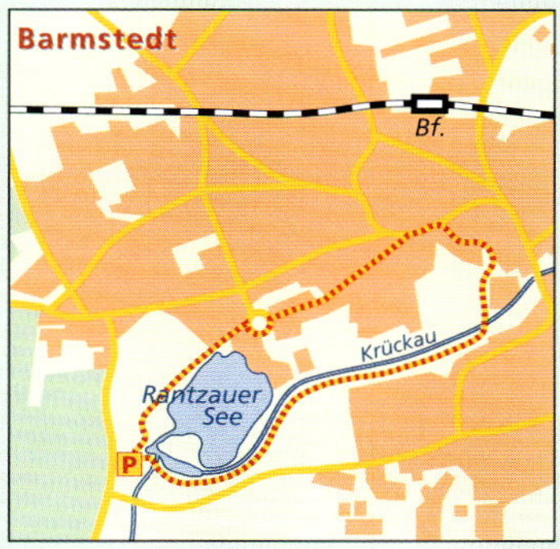

Wegweiser für die Rastpause nach dem Spaziergang

Galeriecafé Schlossgefängnis
Kunstvolles Kaffeetrinken in den ehemaligen Gefängniszellen der Grafschaft Rantzau.
Tel: 0 41 23 / 61 39
Di – Sa 12.00 – 18.00 Uhr,
So 10.00 – 18.00 Uhr.

Zum Bootssteg
Ausflugsrestaurant im Stile eines Bootshauses direkt am Seeufer.
Tel: 0 41 23 / 38 49
Täglich 10.00 – 13.00 Uhr
(Ruhetage: Dienstag ab 17.00 Uhr, Mittwoch).

Naturgenuss wie zu Kaisers Zeiten

Eine Zeitreise über die Plöner Prinzeninsel

Der anderthalbstündige Spaziergang führt auf eine winzige Insel im Großen Plöner See, auf der die Spuren der letzten Kaiserfamilie längst mit der Natur verwachsen sind, auch wenn das Eiland noch immer dem Hause Hohenzollern gehört.

Unaufhörlich rollt der Verkehr über die Bundesstraße durch die heutige Kreisstadt Plön. Doch der blaue Wanderwegweiser „Prinzeninsel“ sorgt für einen willkommenen Stopp.

Er lenkt Ihre Schritte flugs über einen Hügel und damit immer weiter weg vom lärmenden Alltagsleben, bis Ihre Gedanken einen Ausflug in die Vergangenheit unternehmen. Schließlich stammt der Name der ehemals „Großen Insel“ aus der Zeit, als die Kleinstadt Plön zur zweiten Heimat für die letzte deutsche Kaiserfamilie wurde.

Wenn Sie auf diesem Rundweg mehr als nur die geschützte Inselnatur entdecken wollen, dann sollten Sie hinter dem Hügel vom ausgeschilderten Weg etwas abweichen und in die alte Lindenallee einbiegen.

Die breite Allee führt Sie zum kleinen Rokokopalais nahe des Seeufers, das der letzte Plöner Herzog Friedrich Karl 1745 errichten ließ. 1895 wurde das Haus im Auftrag des damaligen Eigentümers, Kaiser Wilhelm II., zu dem heutigen Prinzenhaus umgebaut. Berater hatten den Monarchen davon

Dieses Gebäude war einst ein Sommerpalais. Für die sechs Söhne von Kaiser Wilhelm II. wurde es dann zum „Prinzenhaus“ umgebaut.

Foto: Archiv für Kunst und Geschichte, Berlin

Diese sechs jungen Herren machten Plön noch einmal zur Residenzstadt: die kaiserlichen Prinzen.

überzeugt, dass seine Söhne besser in der Ruhe und Abgeschiedenheit einer Kleinstadt erzogen werden sollten. Die Wahl fiel dabei auf Plön, da hier bereits seit 1868 eine preußische Kadettenanstalt existierte. Dort wurden dann die geeigneten Mitschüler ausgewählt, die an der eigens eingerichteten Prinzenschule zusammen mit den Kaisersöhnen unterrichtet werden sollten. Im Sinne einer volksnahen Erziehung erhielten die Kaisersöhne zusätzlich eine solide landwirtschaftliche Ausbildung auf der nahen Prinzeninsel. Kaiserin Auguste Victoria hatte eine eigene Wohnung im Prinzenhaus, wenn sie ihre Söhne besuchte, um Unterricht und Erziehung aus nächster Nähe zu verfolgen.

Zwischen den Bäumen fällt Ihr Blick auf den Großen Plöner See, während Sie durch die zweite Lindenallee vom Prinzenhaus zur Prinzeninsel spazieren. Über eine rot gestrichene Eisenbahnbrücke geht es hinauf zum Siebenstern. Seine Namensgeber haben sich vielleicht etwas verzählt, denn hier stehen Ihnen „nur“ sechs Pfade offen.

Doch den einzig richtigen können Sie gar nicht verfehlen, um bergab der Kleinen Rohrdommelbucht entgegenzuwandern. Die scheuen, bussardgroßen Zugvögel, nach denen dieser Zipfel des Plöner Sees benannt wurde, lassen sich allerdings nur selten im dichten Schilfufer entdecken.

Nach dem Kadettenfriedhof passieren Sie eine kleine Holzbrücke und damit das Tor zu einer nicht einmal einen Quadratmeter großen Inselwelt.

Ursprünglich war die Prinzeninsel nur eine langgestreckte Halbinsel im Großen Plöner See, der mit einer Gesamtfläche von 29 Quadratkilometern zugleich das größte Binnengewässer Schleswig-Holsteins ist. Nur ein schmaler Wasserlauf trennt heute das unter Naturschutz stehende Eiland von der Festlandbrücke zwischen dem Großen und dem Kleinen Plöner See.

Der prachtvolle weiße Bau des Plöner Schlosses thront über dem Plöner See. Schon zu Kaisers Zeiten genoss man hier gern die frische Luft der Schleswig-Holsteinischen Schweiz.

Auf einem breiten Kiesweg wandern Sie geradewegs durch den Inselwald und können doch zugleich links und rechts einen weiten Seeblick genießen. Bis Sie an den Punkt kommen, an dem die schmale Landnase plötzlich in die Breite geht. Dort sollten Sie sich zunächst für das linke Ufer entscheiden und an der Badestelle den unverstellten Ausblick bis hinüber nach Ascheberg und Dersau genießen.

Im Inselhaus des Deutschen Naturschutzbundes (NABU) bietet sich außerdem die Gelegenheit, die vielen seltenen Tier- und Pflanzenarten kennenzulernen, die auf dem kleinen Eiland einen geschützten Platz gefunden haben.

Durch das Uferwäldchen wandern Sie dann weiter bis zur Südspitze der Prinzeninsel, die bis heute gern als „Lieblingsplatz der Kaiserin“ bezeichnet wird.

Bei ihren Besuchen hat Kaiserin Auguste Victoria hier tatsächlich häufig auf ihre Söhne gewartet. Zum Dank für das kaiserliche Interesse wurde die ehemals „Große Insel" 1901 in Prinzeninsel umbenannt und das Bauernhaus hieß – als Hinweis auf das Ursprungsland der Hohenzollern – fortan Niedersächsisches Bauernhaus.

Nach dem Rundblick über den Großen Plöner See können Sie nun am Niedersächsischen Bauernhaus den Ausblick auf Plön genießen.

Nicht nur das Schloss ist imposant, auch seine Lage ist beeindruckend: Es liegt weithin sichtbar auf einer Moränenkuppe oberhalb des Sees.

Der erste Herzog Joachim Ernst ließ es 1633 bis 1636 im Stil der italienischen Spätrenaissance erbauen. Damit begann die kurze Blütezeit des winzigen Herzoghauses Schleswig-Holstein-Sonderburg-Plön, das 1761 wieder aufgelöst wurde.

Am Bootssteg können Sie sich nun entscheiden, ob Sie eine Bootstour bis zum Plöner Schloss machen wollen. Mit der „Bosau-Linie" dauert es nur eine Viertelstunde bis nach Plön. Ansonsten spazieren Sie einfach weiter am Ufer entlang in Richtung Freibad und dann am Kadettenfriedhof vorbei, über den Siebenstern zurück zum Ausgangspunkt des Rundweges am Kleinen Plöner See.

Anfahrt mit dem Auto

Von Kiel oder Lübeck auf der B 76 bis Plön. Dort auf die B 430 in Richtung Neumünster bis zum Ortsausgang; rechts großer PKW/LKW-Parkplatz.

Von Neumünster oder von der A 23, Abfahrt Bornhöved, auf der B 430 bis zum Ortseingang von Plön; Parkplatz links am Ufer des Kleinen Plöner Sees

Anfahrt mit der Bahn

Mit der Regionalbahn von Kiel oder Lübeck bis nach Plön. Vom Eingang des Bahnhofsgebäudes nach rechts durch die Unterführung zum Fußgängerweg am Ufer des Großen Plöner Sees in Richtung Schloss und Prinzeninsel.

Unsere ausführliche Wegbeschreibung beginnt direkt am Schlossgarten mit dem Prinzenhaus.

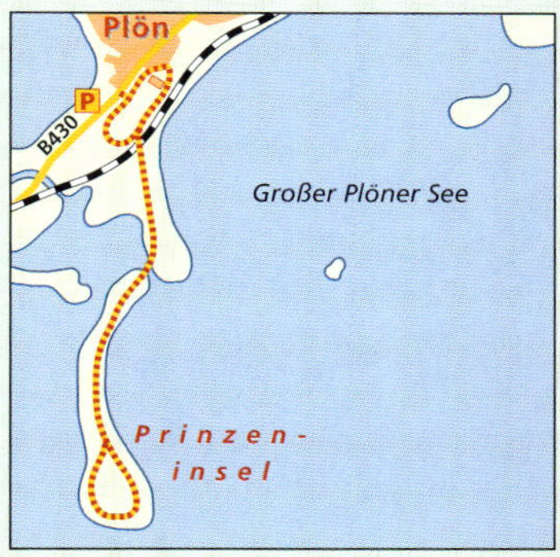

Wegweiser für die Rastpause während des Spaziergangs

Auf der Prinzeninsel:

Niedersächsisches Bauernhaus

Landestypisch essen, wo die Hohenzollern-Prinzen einst arbeiten mussten.
Tel: 0 45 22 / 36 70
Di – So 11.30 – 14.30 Uhr und 17.00 – 21.00 Uhr (in den Wintermonaten bis 19.00 Uhr), nachmittags Kaffee und Kuchen.

Meerblick vom 6. Kontinent

Strandspaziergang an der Ostküste der Insel Fehmarn

Drei Stunden lang bietet sich ein „außereuropäisches" Ostseeerlebnis an einem wildromantischen Steilufer, das schon der expressionistische „Brücke"-Künstler Ernst Ludwig-Kirchner gern besucht und gemalt hat. Wer noch mehr von Schleswig-Holsteins einziger Ostsee-Insel sehen will, kann zusätzlich die einstündige Kurzstrecke auf Seite 118 wählen.

Europa haben Sie genau 983 Meter hinter sich gelassen, ohne dass Sie es vielleicht bemerkt haben. Dabei soll die Welt um Sie herum eigentlich anders aussehen, kaum sind Sie über den „Fehmarnschen Kleiderbügel" gefahren. Das meinen jedenfalls die lokalpatriotischen Fehmaraner, obwohl ihr „Knust" schon seit 1963 durch die Fehmarnsundbrücke landfest mit dem Kontinent verbunden ist. Zu Skandinavien unterhält das Inselreich auch ganzjährig Fährverkehr auf der Vogelfluglinie. Und während der Urlaubssaison trifft sich halb Deutschland an Fehmarns Stränden oder zum Bummeln in der Inselmetropole.

Der Leuchtturm Staberhuk auf Fehmarn.

Doch nicht einmal zehn Kilometer vom lebhaften Ort Burg entfernt stehen Sie oft einsam wie ein Robinson Crusoe an der Steilküste und blicken über die unendlich weite Ostsee. Rund um Katharinenhof ist nur auf einem Campingplatz etwas von der großen, weiten Welt zu sehen und zu hören.

Anders als in vielen der 42 Insel-Dörfer ist hier noch immer alles ländlich bäuerlich und entsprechend ruhig. Diese Abgeschiedenheit lässt nicht vermuten, dass das 1760 gegründete Gut Katharinenhof einmal Ausgangspunkt für weltbewegende Ereignisse war.

Während der schleswig-holsteinischen Erhebung gegen die Dänenherrschaft 1848 wurde der damalige Gutsherr, Baron von Leesen, zum Chef der fehmarnschen Küstenmiliz ernannt. Am 14. April 1848 kam ein dänischer Offizier, begleitet von zwei Matrosen, mit einer Verordnung seines Königs und zur politischen Meinungsumfrage bei der Burger Tiefe an Land. Die Rückkehr des Botschafters verhinderte der Baron mit den Worten: „Sie haben als Gegner den Boden dieser Insel betreten. Ich verhafte Sie als Feind meines Vaterlandes!", und ließ den Offizier in die Festung Rendsburg bringen. Unglücklicherweise wurde einer der Matrosen bei dieser Verhaftung getötet. Nachdem die Dänen 1850 Fehmarn besetzt hatten, musste von Leesen dafür elf Monate in Kopenhagen einsitzen. Heute erinnert ein Denkmal in Burgstaaken an den patriotischen Baron vom Gut Katharinenhof.

Während Sie zwischen den Bäumen den Steilhang zum Meeresufer hinabsteigen, verschwinden das Gut, die weiten Felder und auch der Campingplatz rasch aus Ihrem Blick.

Um Sie herum breitet sich nur noch das Meer aus, das Sie mit allen Sinnen gefangen nimmt. Ein würziger Geruch nach Fisch, Seetang und Salzwasser dringt Ihnen sofort in die Nase. Unablässig rollen die Wellen vor Ihren Füßen im eintönigen Rhythmus an den Strand, den die See in eine maritime Promenade verwandelt hat.

Auf diesem naturnahen Uferpfad wandern Sie nach Süden (rechts) an der Steilküste entlang.

Muscheln, Sand, kleine Kieselsteine, glatt gewaschene Findlinge aller Größen und einige blank gespülte Baumstämme bieten Ihnen über weite Strecken einen vorgefertigten Weg, veranlassen Sie gelegentlich aber auch zum Klettern. Dabei sollten Sie allerdings nicht vergessen, zwischenzeitlich Ihre Augen wandern zu lassen.

„Erna am Meer" – Modell und zugleich Lebensgefährtin von Ernst Ludwig Kirchner.
Foto: AKG Berlin

Die Steilküste bietet Ihnen fast ununterbrochen interessante Einblicke in das Innere von Fehmarn, das noch bis vor 4000 Jahren ein Teil der Ostseehalbinsel Wagrien war.

Wenn Sie an der Radarstation der Marine vorbeispaziert sind, sollten Sie sich bald einen geeigneten Pfad suchen, um die Uferkante hinaufzuklettern. Oberhalb der Steilküste geht es dann dem einzigen „richtigen" Inselwald entgegen. Das winzige Staberholz ist eine letzte Erinnerung an die Zeit, in der Fehmarn noch vollständig bewaldet war. Um so schneller werden Sie den Leuchtturm Staberhuk dahinter sehen, der seit 1903 den südöstlichsten Zipfel von Fehmarn markiert. Bis dorthin können Sie natürlich an der Steilküste entlangklettern und dann den schmalen Pfad zum Leuchtturmgelände hinaufsteigen.

So steil kann es auf Fehmarn bergab gehen …

Bequemer ist dagegen der Waldweg durch Staberholz, der Sie bis zu einer asphaltierten Straße führt. Nach links laufen Sie dann geradewegs dem Leuchtfeuer entgegen, das jedoch nicht öffentlich zugänglich ist.

Auf beiden Wegen haben Sie nicht nur wechselnde Ausblicke auf die südliche Urlaubsküste von Fehmarn. Ob bewusst oder eher unbemerkt werden Sie hier zugleich Landschaftsansichten sehen, die in vielen Bildern von Ernst Ludwig Kirchner wieder zu finden sind. Der Mitbegründer der Dresdener Künstlergruppe „Brücke" verbrachte 1908 zum ersten Mal einen Sommer in Burg und entdeckte dabei Fehmarn für sich. Von 1912 bis 1914 kam Kirchner zusammen mit seiner Begleiterin Erna Schilling jedes Jahr von Mai bis August/September in sein „irdisches Paradies" mit „wundervoller Küstenbildung, manchmal von Südseereichtum". Im Haus des Leuchtturmwärters von Staberhuk fand er damals nicht nur sein Feriendomizil, sondern auch zwei Töchter als Modelle. Im Staberholz und am Strand zeichnete und malte der Expressionist damals naturverbundene Aktdarstellungen und Landschaften, die einen Gegenpol zu den hektischen und ekstatischen Berlin-Bildern der gleichen Zeit bilden.

… und so flach kann es sein, auf dieser schönen Ostsee-Insel.

Durch das Staberholz kehren Sie wieder zur Steilküste zurück. Ein möglicher Rückweg von hier aus quer durchs Land würde zum größten Teil an häufig befahrenen Landstraßen entlangführen. Daher empfiehlt es sich eher, das Natur-Trio aus Steilküste, Strand und Ostsee noch einmal in entgegengesetzter Richtung zu genießen, bis Sie den Ausgangspunkt in Katharinenhof wieder erreicht haben.

Kurzstrecke

Der gut einstündige Strandspaziergang beginnt an dem Radarturm der Marinestation, von dem Sie nach rechts am Strand entlangwandern. Wenn Sie eine Kletterpartie am Ufer vermeiden wollen, suchen Sie sich rechtzeitig einen passenden Pfad zur Kliffkante hinauf. Oberhalb der Steilküste oder am Strand entlang wandern Sie bis zum Staberholz. Ein Waldweg führt Sie nach rechts durch das Gehölz hindurch bis zu einer asphaltierten Straße. Nach links gehen Sie dann dem Leuchtturm Staberhuk entgegen, der jedoch nicht öffentlich zugänglich ist. Von hier aus können Sie entweder um das Betriebsgelände herum oder auf gleichem Weg durch das Staberholz wieder zur Steilküste zurückgehen und am Ostseeufer entlang zum Parkplatz zurückspazieren.

Anfahrt mit dem Auto

Von der A 1 / B 202 nach Burg auf Fehmarn. Im Stadtzentrum links einordnen und nach Katharinenhof abbiegen, durch das Dorf in Richtung Waldpavillon; Parkplatz links vor dem Campingplatz oder an der Gaststätte.

Für die Kurzstrecke

Hinter dem Ortsausgang von Burg nicht nach Katharinenhof, sondern in Richtung Meeschendorf und Staberdorf. Weiter in Richtung Leuchtfeuer Staberhuk. Parkplatz (mit WC) rechts neben dem Radarturm der Marinestation.

Museum Katharinenhof
Mechanische Spielzeuge und Musikinstrumente, historische Gerätschaften und Hausrat vom Bauernhof, modernes Solar-Café.
Tel: 0 43 71 / 12 30
Von Ostern bis Oktober:
täglich 11.00 – 17.00 Uhr,
Di und Do Backtag im alten Backhaus.

Wegweiser für die Rastpause nach dem Spaziergang

In Katharinenhof: ***Waldpavillon***
Ausflugslokal an der Kliffkante, wo einst der Musikpavillon des Gutes Katharinenhof stand.
Tel: 0 43 71 / 89 97 59
Vom 1. April bis 30. September:
täglich 12.00 – 22.00 Uhr.

Wo die Lübecker Mönche wahre Demut übten

Wander- oder Radtour vom Kloster Cismar zur Ostsee

Drei Stunden zu Fuß oder anderthalb Stunden mit dem Rad geht es durch ehemaliges Klosterland zur ostholsteinischen Urlaubsküste, die lebenslustige Benediktiner-Mönche einst nur widerwillig besiedelt haben.

Abgeschieden und klösterlich still ist es in dem küstennahen Dorf, das vor knapp drei Jahrzehnten Ortsteil des Ostseeheilbades Grömitz wurde, längst nicht mehr. Doch während der Kur- und Badebetrieb in der benachbarten Urlaubermetropole monatelang auf Hochtouren läuft, ist Cismar meist eine Oase der Ruhe, die vor allem Kunstfreunde, Künstler und Kunsthandwerker zu genießen wissen. An vielen Stellen verweisen Schilder auf Töpfer-Werkstätten im Dorf. Der Weg zum ehemaligen Kloster führt Sie vorbei am „Weißen Haus" der Literatur, das von der Lyrikerin Doris Runge betreut wird.

Sobald Sie dann den eigentlichen Klosterhof betreten haben, werden Sie auf den ersten Blick einen Kreuzgang vermissen. Um so schneller fällt Ihr Blick in der heutigen, backsteinrot und naturgrün nachgestalteten Anlage auf großplakatige Einladungen zu einer Kunst- oder Kulturausstellung.

Die verfallene Klosteranlage wurde in den 80er Jahren vom Land Schleswig-Holstein restauriert und zu einem Kulturzentrum ausgebaut. In einem Teil der Klosterkirche befindet sich seit 1987 die Außenstelle des Schleswig-Holsteinischen Landesmuseums Schloss Gottorf, die zwischen Ostern und Oktober wechselnde Ausstellungen zeigt. Im sanierten Refektorium, dem ehemaligen Speisesaal der Mönche, sind Künstlerateliers für Stipendiaten des Landes neben einem Klostercafé eingerichtet. Das mittelalterliche Kloster ist natür-

In diesen Mauern begründeten die lebenslustigen Lübecker Mönche ein florierendes Pilgerzentrum.

Die Klosterkirche bietet für konzertante Aufführungen einen äußerst stilvollen Rahmen. *Foto: Trucksäß*

lich mehr als nur Kulisse für das moderne Künstlerdorf, das es ohne dieses Monument der Backsteinbaukunst vermutlich nicht geben würde.

Doch wenn Sie beim Rundgang Ihre Blicke an der 60 Meter langen Kirche entlangwandern lassen, werden Sie kaum erahnen, dass diese berühmte Wallfahrtsstätte des Mittelalters auch nur mit staatlicher Unterstützung entstehen konnte. Anfang des 13. Jahrhunderts sollen sich Lübecker Bürger, die um das Seelenheil ihrer Töchter fürchteten, über das regellose Leben der Benediktiner-Mönche beim Bremer Erzbischof beschwert haben. Landesherr Graf Adolf IV., der schon 1227 die Dänen bei Bornhöved geschlagen und außer Landes verwiesen hatte, brachte 1238 auch die lebenslustigen Mönche vom Lübecker Johanniskloster zur Vernunft, indem er ihre Verlegung in das wendische Dörfchen Sicimerestorpe anordnete. Nur unter Zwang siedelten die Ordensbrüder 1246 um, bauten widerwillig eine kleine Kirche und die notwendigen Wohngebäude. Erst ein Machtwort des Papstes und die Heiligsprechung einer entdeckten Quelle beendeten 1256 die Streitigkeiten um modernere Regeln für das Ordensleben und den Besitz der Benediktiner. Daraufhin blieben die Mönche in Cismar und bauten bis 1300 die heutige Klosterkirche sowie alle notwendigen Konventgebäude. Sechs Jahre zuvor bekamen die Mönche von der frommen Gräfin Agnes eine Sammlung mit 804 Reliquien, die das Kloster bald zu einer der wichtigsten Wallfahrtsstätten in Norddeutschland machten. Zur Aufbewahrung dieser „Schätze" wurde um 1310/20 in Lübeck der vermutlich erste Flügelaltarschrein der Kunstgeschichte angefertigt, der bis heute im Chor der Kirche steht. Aufkommende Zweifel an der Echtheit der Reliquien und die Reformation sorgten für den Niedergang des Klosters, das 1561 aufgelöst und später Sitz des Amtmanns wurde. Im Auftrage von Zarin Katharina II. wurde der westliche Teil der Klosterkirche, die Kirche der Laienbrüder, um 1770 zum Schloss umgebaut. Die heutige Kirche durften bis zur Reformation nur die ordinierten Mönche, die so genannten „Patres" betreten.

Die gesamte Klosteranlage ist noch immer von einer alten Parkanlage und einem breiten

Foto: Trucksäß

Im Frühjahr laufen Sie an blühenden Rapsfeldern entlang zur Ostsee.

Wassergraben umgeben, den Sie rechts hinter dem Klosterhof überqueren. Gehen Sie vor dem Spielplatz nach rechts und wandern Sie auf grün markiertem Weg bis Lensterstrand quer durch flache, grüne Wiesen. Wenn Sie dann am so genannten Randgraben entlangspazieren, sollten Sie sich vom kurzzeitigen Anblick eines Klärwerkes nicht irritieren lassen. Der Ostseewind und ein dichter Knick bewahren Sie vor unangenehmen Begleiterscheinungen auf Ihrem Spaziergang, der Sie dann wenige hundert Meter auf asphaltiertem Weg am Waldrand entlangführt. Bald laufen oder radeln

Foto: Trucksäß

Das Ostseeufer bei Cismar – legeres Strandleben in unmittelbarer Nähe zur klösterlichen Besinnlichkeit.

Sie wieder auf natürlichen Pfaden über den ehemaligen Grund einer Ostseebucht, die im Laufe der Jahrhunderte verlandet ist. Weiße Silhouetten von Wohnwagen, Zelten und Satellitenschüsseln kündigen unterdessen am Horizont schon das Campingdorf Lensterstrand und damit auch das Ostseeufer an. Nach links führt Sie der Mittelweg quer durch die bunten Freiluftappartement-Anlagen bis zum Strand. Sie können aber sofort rechts in den Störtebecker Weg abbiegen und haben schon wenige Minuten später den freien Blick über die Ostsee. Hoch oben auf dem Deich oder im weichen Strandsand wandern Sie nach links am Ufer entlang. Bald versperren jedoch ein Uferwald und der Campingplatz „Sonnenland“ Ihre Aussicht auf Strand und Meer, die hier den FFK-Fans vorbehalten sind. Nach links haben Sie dafür einen um so weiteren Blick über den ehemaligen Klostersee, der nach einer Sturmflut 1872 trockengelegt wurde und heute eine große Weidefläche für Highland Cattles bietet. Von Ihrem Deichweg können Sie bald darauf die geschützte Vogelwelt in den Schilfwiesen am Ostseeufer beobachten, bevor Ihnen links an einem Parkplatz der Rundweg weiter durch die Klostersee-Niederung gewiesen wird. Vor allem als Fußgänger sollten Sie sich hier jedoch überlegen, ob Sie dem grünen Wanderschild wirklich folgen wollen. Gerade im Sommer wird die asphaltierte Straße von vielen motorisierten Radelustigen benutzt, die Sie etwa anderthalb Stunden lang immer wieder in eine Staubwolke einhüllen. Sie verpassen keinerlei Sehenswürdigkeit, wenn Sie auf den schon bekannten Pfaden wieder zurückkehren, und stehen auch nach etwa anderthalb Stunden wieder am Ausgangspunkt Ihres Spazierganges.

Anfahrt mit dem Auto

Von der A 1, Abfahrt Lensahn, bis nach Cismar. Im Ort nach rechts bis zum Parkplatz an der Klosterkirche.

Anfahrt mit Bahn und Bus

Mit der DB über Lübeck nach Oldenburg oder Neustadt/H., Bus von Oldenburg ZOB oder Neustadt nach Cismar.

Klosterkirche
Täglich 9.00–17.00 Uhr.
Zwischen März und Oktober Führung jeden Mittwoch und jeden Samstag 17.00 Uhr.
Dreitägiges Klosterfest alljährlich am 2. Wochenende im August.
Infos dazu beim Haus der Natur
Tel: 0 43 66 / 12 38

Schleswig-Holsteinisches Landesmuseum/Kloster Cismar
Tel: 0 43 66 / 10 80
Ostern bis Oktober:
Di–So 10.00–17.00 Uhr.

Wegweiser für die Rastpause

<u>*Nach etwa der Hälfte des Weges:*</u>
zur ***Schleusenkate*** hinterm Ostseedeich.

Verschnaufpause im alten Schleusenwärterhaus, direkt hinter dem 1836 errichteten Ostseedeich.
Tel: 0 45 62 / 46 46
März bis Oktober: täglich 10.00–22.00 Uhr, Küche 11.30–20.30 Uhr, Di Ruhetag.

Nach dem Spaziergang

<u>*In Cismar:*</u>
Kultur & Naturkost-Café
Gehaltvolle Kuchen und deftig Vegetarisches 50 m vom Kloster entfernt.
Tel: 0 43 66 / 8 80 15
Mi–So ab 12.00 Uhr.

Das ***Café/Bistro im Klosterhof*** ist auf unbestimmte Zeit geschlossen, bis ein neuer Pächter die Tür wieder aufschließt.

Durch die Wahlheimat der Oldenburger Herzöge

Rundwanderung von Lensahn zum Schloss Güldenstein

Auf dem dreistündigen Spaziergang offenbart sich die sanfte, vielfarbige Naturschönheit der ostholsteinischen Landschaft rund um ein barockes Wasserschloss, das die Herzöge von Oldenburg zu ihrem Stammsitz gemacht haben.

Als Ferienort auf der Ostseehalbinsel Wagrien, nur etwa 15 Kilometer vom Meeresstrand entfernt, wächst Lensahn langsam aber stetig über seine ehemaligen Grenzen hinaus. Doch bis zum Ufer des Großen Mühlenteichs ist die moderne Entwicklung bisher kaum vorgedrungen. Sobald Sie vom Waldschwimmbad bis zum See hinunter gelaufen sind, spazieren Sie nach links auf einem idyllischen Waldpfad direkt am schilfbewachsenen Ufer entlang und kehren dem städtischen Alltag den Rücken zu.

Jahrhundertelang war Lensahn nur ein kleines Bauerndorf, das dem nahe gelegenen Gut Lensahn unterstellt war. Doch im 19. Jahrhundert entdeckten dessen Besitzer, die Großherzöge von Oldenburg, die ostholsteinische Sommeridylle als ädaquaten Feriensitz für sich und Lensahn wurde ein

Foto: Wohlert

Jetzt noch Pferd und Kutsche und die Idylle ist perfekt: Lensahner Wege.

Uferpfade am Lensahner Mühlenteich. *Foto: Wohlert*

beliebter Urlaubstreffpunkt für den gesamten europäischen Hochadel. Im heute stillgelegten Bahnhof wurde damals sogar ein Fürstenzimmer für die hochherrschaftlichen Feriengäste eingerichtet. Im Zuge der politischen Veränderungen nach dem ersten Weltkrieg wurde Lensahn 1928 ein eigenständiges Dorf.

Am südlichsten Zipfel des Mühlenteichs wandern Sie aus dem Uferwäldchen hinaus und folgen dem Wegweiser für Radwanderer quer über die Wiese bis zur anderen Seeseite. Für kurze Zeit haben Sie von hier aus einen Panorama-Ausblick auf das moderne Lensahn, bevor Sie über eine kleine Brücke gehen, das Seeufer hinter sich lassen und wenig später inmitten der nächstgelegenen Siedlung verschwinden. Doch schon der nächste Weg nach links – am Haus Nr. 22 – bringt Sie der Natur wieder ein Stückchen näher.

An der Landstraße in Richtung Eutin müssen Sie nur noch etwa 100 Meter nach links gehen und schon zeigt Ihnen rechts ein Wegweiser für Radfahrer den richtigen Pfad in den Wald hinein.

Jetzt lassen Sie das städtische Landleben endgültig hinter sich und wandern auf einem breiten Forstweg kilometerweit durch den so genannten „Voßgraben“. Uralte Buchen bilden ein rauschendes (Blätter-)Dach über Ihrem Kopf und die kleine Mühlenbek am Wegesrand begleitet Sie mit naturgetreuer Wassermusik, bis Sie an der ersten großen Kreuzung nach links auf eine Asphaltstraße abbiegen.

Doch schon nach wenigen Metern sollten Sie nach rechts wieder auf den bequemen Waldboden zurückkehren und dem hellen Lichtstreifen zwischen den Bäumen entgegengehen. Kurze Zeit später wird sich dann vor Ihnen die sanfte

Hügellandschaft Ostholsteins ausbreiten und Ihr Blick auf das Schloss Güldenstein fallen, dem heutigen Stammsitz des Hauses Oldenburg.

Die lange und weit verzweigte Familiengeschichte der Oldenburger Herzöge begann jedoch nicht hier, sondern im kleinen Stammland Oldenburg des 1088 genannten Grafen Egilmar. Dietrich, einer seiner männlichen Nachfahren, heiratete im 15. Jahrhundert eine Tochter des Grafen zu Schleswig-Holstein. Dessen ältester Sohn bestieg 1448 als Christian I. den dänischen Thron und wurde 1460 auch Landesherr von Schleswig-Holstein. Von dieser königlich-dänischen Hauptlinie zweigte sich unter anderem die Gottorper Linie ab, die seit 1607 den Regenten des evangelischen Fürstbistums Lübeck stellte. 1729 schenkte die geborene Prinzessin Johanne Elisabeth von Holstein-Gottorp ihrem Gatten, Fürst Christian August von Anhalt-Zerbst, in Stettin eine Tochter Sophie Friederike Auguste. Diese ließ sich 33 Jahre später, nach dem gewaltsamen Tod ihres Ehemanns, Zar Peter III., zur Zarin Katharina II. ausrufen.

Die einflussreiche Monarchin sorgte dann 1773/74 mit den Tauschverträgen von Zarske Selo für die Beilegung von Erbstreitigkeiten im Hause Oldenburg. Ihre Verwandtschaft mütterlicherseits, die Fürstbischöfe von Lübeck, erhielten daraufhin die Stammgrafschaft Oldenburg mit Delmenhorst, die zum Herzogtum erhoben wurde. Nach der Säkularisierung des Fürstbistums Lübeck 1803 ging es als Fürstentum Lübeck in den Besitz der Oldenbur-

Kein Zutritt! Bei Schloss Güldenstein bleibt Ihnen nur der Blick von außen. Aber auch der kann sehr schön sein. *Foto: Wohlert*

ger Herzöge über, denen seit 1815 der Titel eines Großherzogs zustand. Der Letzte, der diesen Titel noch führen durfte, war der 1970 verstorbene Erbgroßherzog Nikolaus von Oldenburg. Er war es auch, der den Stammsitz der Oldenburger auf das ostholsteinische Schloss Güldenstein verlegte. Heute wohnt hier sein ältester Sohn, Herzog Anton Günther von Oldenburg als Oberhaupt des Hauses Oldenburg.

Auf öffentliche Besichtigungen und ständige Besucherströme ist niemand im Schloss vorbereitet. Daher sollten Sie, wie bei jedem anderen Privatgrundstück auch, hier die Privatsphäre der Herzogsfamilie respektieren und die kleine Brücke zur Schlossinsel nicht überqueren.

Spazieren Sie stattdessen lieber nach links durch die wildromantisch verwachsene Parkanlage aus dem 19. Jahrhundert hindurch auf die große Wiese am Schlossgraben und Sie werden das spätbarocke Wasserschloss von seiner schönsten Seite sehen!

An drei Seiten von Wasser umgeben, steht das rote Herrenhaus auf seinen schweren Granitsockeln an der südlichen Spitze der mittelalterlichen Burginsel Gneningen. Ende des 16. Jahrhunderts gab ihr der damalige Besitzer, Jürgen von Sehestedt, den Namen Güldenstein. Das heutige Herrenhaus Güldenstein ließ ein Sprössling des reichen und baulustigen Adelsgeschlechts von

Katharina die Große, die auch als russische Zarin ihre schleswig-holsteinische Verwandtschaft nicht vergaß.
Foto: Archiv für Kunst und Geschichte, Berlin

Thienen bis 1728 erbauen. Entworfen hat es der Architekt Rudolf Matthias Dallin, der sich zuvor als Bauinspektor am Eutiner Hof einen Namen gemacht hatte. Güldenstein, das oft auch Schloss genannt wird, gilt heute als eines der Meisterwerke für die schleswig-holsteinische Herrenhausarchitektur in der Zeit des Spätbarock. Seit 1839 ist es im Familienbesitz der Großherzöge bzw. Herzöge von Oldenburg.

Wenn Sie das malerische Landschaftsbild aus Wasserschloss und den Rhododendron-Inseln drumherum ausgiebig genossen haben, müssen

Foto: Wohlert

Auf solch idyllischen Pfaden nähern Sie sich dem großherzoglichen Gut „Lensahnerhof".

Sie von der Wiese einfach nur auf den Wanderpfad zurückkehren und schon beginnen Sie mit einer kleinen Linkskurve die zweite Hälfte des Rundweges. Quer durch die Felder wandern Sie auf dem breiten Wirtschaftsweg immer geradeaus bis zum Gut Lensahner Hof.

Das jahrhundertealte Gut kam schon 1650 unter den Lübecker Fürstbischöfen in Oldenburger Besitz. Im 19. Jahrhundert war es lange Zeit der eigentliche Mittelpunkt des Oldenburger Besitzes in Ostholstein. Heute lebt hier der zweite Sohn des letzten Erbgroßherzogs, Herzog Peter von Oldenburg.

Der Museumshof Lensahn: Hier können Sie Kaffee trinken und Kuchen essen, aber vor allem etwas über die Landwirtschaft lernen. Ganz wichtig: Die Ausstellungsstücke dürfen angefasst werden – wenn Ihre Kinder also mal Trecker fahren wollen ...

Vor dem Gutshof biegen Sie nach links in den Hofweg ein und kommen wieder an die Landstraße in Richtung Eutin, der Sie ebenfalls nach links folgen. Bald werden Sie den Eingang zum Waldpfad wieder entdecken und auch den Weg zurück zu der Siedlung finden, die Sie auf dem Hinweg durchquert haben. Am Haus Nr. 22 biegen Sie diesmal nach rechts ab. Dann ist der Rückweg zum Seeufer und zum Ausgangspunkt am Waldschwimmbad kaum zu verfehlen.

Anfahrt mit dem Auto

Von der A 1, Abfahrt Lensahn, in das Ortszentrum von Lensahn, nahe der Kirche St. Severin von der Eutiner Straße in die Lübecker Straße abbiegen, dann der Ausschilderung zum Waldschwimmbad in die Dr. Julius-Stinde-Straße folgen. Parkplatz am Waldschwimmbad.

Von der B 202 aus Richtung Lütjenburg in Kaköhl Abzweig nach Lensahn/Neustadt. Im Ortszentrum von Lensahn der Ausschilderung zum Waldschwimmbad folgen. Parkplatz am Schwimmbad.

Anfahrt mit Bahn und Bus

Von Lübeck oder von Kiel mit der Regionalbahn nach Eutin. Busverbindung nach Lensahn. Im Ortszentrum nahe der Kirche von der Eutiner in die Lübecker Straße abbiegen und dann der Ausschilderung zum Waldschwimmbad in die Dr. Julius Stinde-Straße folgen.

Von Lübeck auf der Vogelfluglinie bis nach Oldenburg. Busverbindung nach Lensahn. In Lensahn

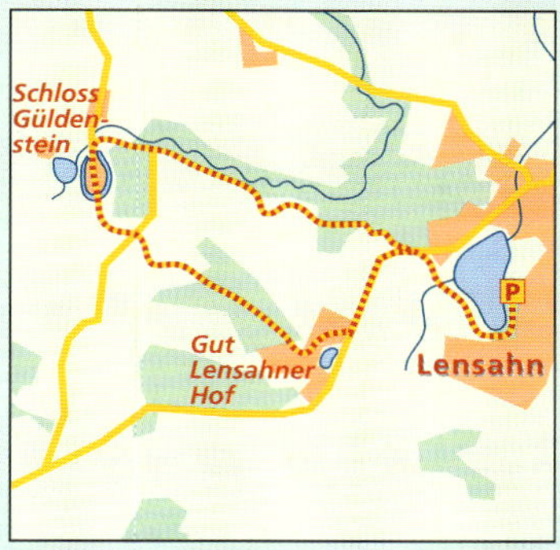

der Ausschilderung zum Waldschwimmbad folgen.

Wegweiser für die Rastpause nach dem Spaziergang

Auf dem Museumshof Lensahn:

Gaststube im Kuhstall

Süßes und Deftiges in der historischen Atmosphäre eines Bauernhofes von anno dazumal, als der Hof noch großherzöglicher Verwaltung unterstand.

Prienfeldhof
23738 Lensahn
Museum und Gaststube
Tel: 0 43 63 / 9 11 22
Ostern bis Mitte November:
täglich, außer Mo,
10.00 – 18.00 Uhr.

Amors Lieblingssee in der Schleswig-Holsteinischen Schweiz

Rundweg um den Ukleisee

Ob auf dem einstündigen Waldspaziergang Herzenswünsche wirklich schneller in Erfüllung gehen als anderswo, verschwieg der Volksmund, der dem kleinen Gewässer vor den Toren von Eutin den bedeutungsvollen Beinamen „Liebessee" gab.

Romantiker und frisch Verliebte fühlten sich nachweislich schon immer zu dem Waldsee hingezogen, der zwischen hoch aufragenden Buchen im Verborgenen liegt. Doch heutzutage werden Sie bei Tageslicht kaum einen Baumstumpf oder eine Bank in Wassernähe finden, wo Sie stundenlang ungestört sein könnten.

Der verschlungene Pfad hinunter zum Ufer ist natürlich kein Geheimnis geblieben, auch wenn es rund um den kleinen Ukleisee viel ruhiger zugeht als bei seinen großen „Brüdern", dem Kellersee oder dem Eutiner See.

Hier ist schon die erste, sehr romantische Dame und wartet auf einen Kavalier.

Hier durchbrechen weder Straßenlärm noch Motorboote die lebhafte Geräuschkulisse der Natur. Während sich Singvögel lautstark von Baum zu Baum unterhalten, schnattern Enten miteinander im lauschigen Schilf. Der Wind dreht in den weit verzweigten Laubkronen seine rauschenden Runden. Am Ufer glucksen winzige Wellen gegen abgebrochene Äste oder den bemoosten Waldboden. Und doch scheint der See unbewegt wie ein silberner Spiegel in seinem starren, waldgrünen Rahmen zu liegen. Da können sich auch die Spaziergänger nicht mehr gegen ihre Natur wehren, denken Sie jetzt vielleicht. Doch seinen Ruf als „Liebessee" verdankt das stille, dunkle Gewässer eigentlich der Legende von einem Bauernmädchen und ihrem Ritter.

Bei der Jagd soll ein junger Edelmann einst der Tochter eines Bauern begegnet sein, die die Pferde ihres Vaters täglich zur Weide ans Seeufer trieb. Der Ritter verliebte sich in das Mädchen und schwor ihr am Altar einer kleinen Waldkapelle ewige Treue. Doch schnell hatte der abenteuerlustige Jüngling seinen Schwur wieder vergessen. Vor lauter Kummer über das

Ausbleiben ihres Geliebten verlor die Bauerntochter alle Lust am Leben und starb. Der Ritter hatte sich unterdessen mit einer reichen Gräfin verlobt und führte sie schon bald zur Trauung in die Waldkapelle. Doch als sich das Brautpaar vor dem Altar das Ja-Wort geben wollte, erschien der Geist des unglücklichen Mädchens und hob drohend den Finger gegen den Bräutigam. Kurz darauf brach ein furchtbares Unwetter los und die Kapelle versank unter den Regenströmen dort, wo sich heute der Ukleisee ausbreitet. Der Legende nach hören Sie bei stillem Wetter noch immer die Hochzeitsglocken in der Tiefe des Sees, den ein abgeschmolzener Toteisblock nach der letzten Eiszeit entstehen ließ.

Wenn Sie nach rechts an dem schilfbewachsenen Ufer entlangspazieren, werden Sie die Spur einer Wahrheit in dieser sagenhaften Geschichte finden.

Die Informationstafel am Wegesrand erzählt Ihnen hier von der mittelalterlichen Burg Ribeke, die im 14. Jahrhundert im Besitz der Ritter von Breyde war. Bei genauem Hinsehen werden Sie am Seeufer aber auch Reste einer slawischen Burganlage entdecken, die schon 500 Jahre früher in dem gut geschützten Gelände errichtet wurde.

Von dicht bewaldeten Anhöhen umgeben wandern Sie dann dem verwunschenen Ende des Sees entgegen, das sich hinter

Der Ukleisee – kleiner und ruhiger als der Eutiner See, eine versteckte Perle der schleswig-holsteinischen Seenlandschaft.

einer breiten Landnase verbirgt. Moosbewachsene Äste und knorrige Baumstümpfe ragen weit in diese Bucht hinein.

Kleine Seerosenteppiche ziehen sich hier und dort über das schlickig grüne Wasser, in dem sich manchmal auch ein Frosch sehen lässt. Im breiten Schilfsaum haben Wasservögel dagegen blickdichte Nester für ihren Nachwuchs gebaut.

Erst wenn Sie um diese abgelegene Bucht herumgewandert sind, öffnet sich zwischen den Zweigen wieder die weite Aussicht bis zum anderen Ende des Sees.

Dort leuchtet Ihnen schon von Ferne ein weißer Jagdpavillon entgegen, der – vom dunklen Grün des Waldes eingerahmt – hoch oben über dem See steht. Unterhalb dieser Anhöhe bietet Ihnen die hölzerne Plattform dann den Panorama-Ausblick über den Ukleisee.

Fast scheint es, als ob Sie hier in den Mittelpunkt der Seenlandschaft treten, die von romantischen Malern vor etwa 200 Jahren gern in melancholischem Grün, Braun und Blau gemalt wurde.

Daneben können Sie auf einer großen Tafel die ganze Geschichte vom Bauernmädchen und dem Ritter nachlesen, bevor Sie die Stufen bis zum Jagd-Pavillon hinaufsteigen.

Der Sage nach soll der Herzensbrecher einst an dieser Stelle gehaust haben, die nach ihm viele Edelmänner vom Eutiner Hof vermutlich nicht nur zur Jagd aufgesucht haben. Gebaut wurde dieser Sommerpavillon für die Herzöge von Oldenburg, die als weltliche Fürstbischöfe von Lübeck im Eutiner Schloss residierten.

Der bekannte Hofbaumeister Georg Greggenhofer entwarf das spätbarocke Jagdhaus 1777. Nur acht Jahre später begann die kulturelle Blütezeit der ostholsteinischen Residenzstadt unter Herzog Peter Friedrich Ludwig, der Eutin zu einem „Weimar des Nordens" machte.

Führende Künstler der Zeit wie Friedrich Gottlieb Klopstock, Matthias Claudius oder der mit Goethe befreundete Maler Tischbein kamen an seinen „Musenhof des Nordens".

Nicht überliefert ist, ob sie alle einen Ausflug an den Ukleisee machten, der bei Künstlern damals sehr beliebt war. Heute wird der restaurierte Jagdpavillon nur noch zu Konzerten oder Ausstellungen geöffnet.

Doch einen Blick durch die hohen Fenstern sollten Sie auf jeden Fall riskieren, damit Sie wenigstens einen kleinen Eindruck von den wertvollen Stuckarbeiten im Saal bekommen.

Die Tür zum kleinen Fremdenverkehrsbüro im Haus ist dagegen in der Saison fast immer geöffnet. Hier erhalten Sie Informationen zu anderen Sehenswürdigkeiten und Wandermöglichkeiten in der Holsteinischen Schweiz. Wenn Sie

In diesem Pavillon verbrachten die Herzöge von Oldenburg ihre lauen Sommernachmittage.

dann die Stufen zum Seeufer wieder hinuntergestiegen sind und dem Rundweg weiter folgen, sind Sie bald am Ausgangs- und Endpunkt dieses Spaziergangs.

Ein verträumter Ausblick über den Ukleisee.

Anfahrt mit dem Auto

Von der A 1, Abfahrt Eutin, oder von Kiel auf der B 76 bis Eutin. Durch das Ortszentrum in Richtung Malente, dann rechts der Ausschilderung nach Sielbeck folgen, am Uklei-Fährhaus nach rechts und geradeaus bis zum Wanderparkplatz.

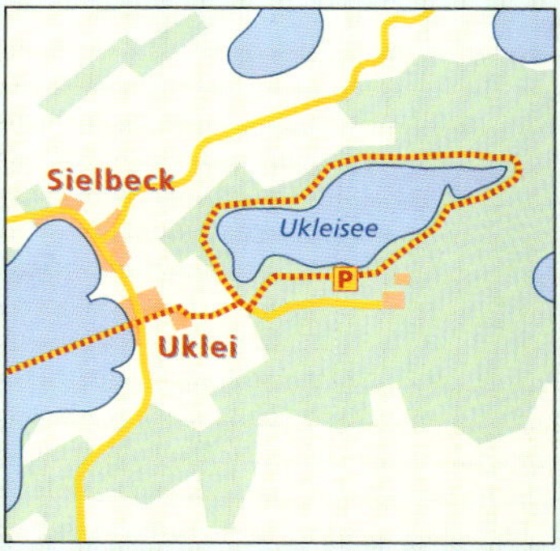

Anfahrt mit Auto und Schiff

Die Anreise lässt sich auch mit einer Kellersee-Rundfahrt kombinieren, wenn Sie das Auto in Malente an der Anlegestelle Janusallee parken (Ausschilderung zur Glasbläserei folgen), mit dem Schiff bis zur Anlegestelle Sielbeck-Uklei fahren und von dort aus bis zum Wanderparkplatz laufen.

Anfahrt mit Bahn und Schiff

Von Lübeck oder Kiel mit der Regionalbahn bis Malente-Gremsmühlen, vom Bahnhof quer durch das Ortszentrum zum Kellersee, Anlegestelle Janusallee. Mit dem Ausflugsschiff bis zur Anlegestelle Sielbeck-Uklei, geradeaus die Asphaltstraße hinauf bis zum Wanderparkplatz am Ukleisee.

Information zur Kellersee-Fahrt:
Kellersee-Fahrt-GmbH in Bad Malente-Gremsmühlen
Tel: 0 45 23 / 22 01

Wegweiser für die Rastpause nach dem Spaziergang

Forsthaus am Ukleisee
Das alte Försterhaus ist heute ein Waldrestaurant und Café.
Tel: 0 45 21 / 97 05
März bis Dezember: täglich 10.00–21.00 Uhr, Mo Ruhetag.

Auf Schatzsuche am Osteeufer

Am Brodtener Steilufer von Travemünde nach Niendorf

Der zweistündige Spaziergang auf der Naturpromenade zwischen zwei traditionsreichen Seebädern Schleswig-Holsteins eröffnet weite Ausblicke über die Lübecker Bucht und interessante Einsichten in das Innere einer bizarren Steilküste.

Nostalgisches Flair mischt sich mit frischer Ostseeluft. Travemünde ist unübersehbar ein Seebad mit langer Tradition, in der das zeitgemäße Urlaubsvergnügen eine altehrwürdige Kulisse hat. Vom modernen Meerwasserthermalbad blicken Sie hinüber zum alten Leuchtturm, der bereits seit 1829 Frachtschiffen, Seglern und sicherlich auch einigen Kurgästen heimgeleuchtet hat.

Auf der Promenade zum Steilufer kommen Sie am mondänen Travemünder Casino vorbei, sehen das Kurhaus der Neuzeit inmitten historischer Villen und den Strandbahnhof, an dem fast ganzjährig alle Welt ankommt.

Badeurlaub an der Ostsee bei Travemünde.

Schon zu Kaisers Zeiten flanierten gut betuchte Lübecker Bürger mit ihren Familien am Travemünder Strand entlang. Auch Thomas Mann verbrachte hier als Kind den Sommer und ließ später seinen literarischen Helden Thomas Buddenbrock nach Travemünde in die Sommerfrische fahren. Und natürlich kehrte der Romansprössling einer reichen Lübecker Familie dem lebhaften Kurbetrieb einmal den Rücken und strebte dem Brodtener Steilufer entgegen. Doch sowohl der junge Buddenbrock als auch sein literarischer Vater Thomas Mann sind damals auf naturbelassenen Wegen spaziert und haben dabei vielleicht auch einige bemerkenswert vollständig bekleidete Badegäste in Sandburgen oder den ersten Badekarren beobachten können. Heutzutage dagegen werden Sie kaum allein die breite Strandpromenade entlangbummeln. Das Wellenrauschen vermischt sich hier mit dem Stimmengewirr vom Strand, an dem sich Sonnenhungrige in modernem Badedress oder auch im Naturkostüm sehr zahlreich tum-

meln. Auf dem Wasser können Sie meist auch Surfschülern beim Üben zuschauen.

Erst wenn Sie in das windzerzauste Uferwäldchen hineinspazieren, wird es um Sie herum urwüchsiger und ruhiger. Über Baumwurzeln führt der verschlungene Pfad das zerklüftete Steilufer hinauf, dem das Meer im Laufe von Jahrtausenden eine bizarre Form gegeben hat.

Wie fast alle Landschaftsformen in Schleswig-Holstein hat auch das Brodtener Steilufer seinen Ursprung in der Eiszeit. Vor etwa 12 000 Jahren hinterließen Gletscher einen breiten Wall aus Gesteinsschutt am Rande des Ostseebeckens und füllten ihn dann mit ihren Schmelzwassern. Jahrtausende später begann das Meer, die aufgeschobene Grundmoräne mit ihrem sandigen und lehmigen Geschiebemergel zu bearbeiten und zu verkleinern. Die Brodtener Steilküste wurde von der Brandung der Ostsee bis heute um mehr als sechs Kilometer landeinwärts verschoben. Dieser Prozess ist jedoch nicht abgeschlossen. Alljährlich „verschwindet" etwa ein halber Meter des Kliffs mit der Strömung des Meeres und wird vor der Hafeneinfahrt von Travemünde oder an der mecklenburgischen Ostseeküste abgelagert.

In sicherem Abstand führt Sie der Wanderpfad an der zerfransten Kliffkante entlang, über die manch eine Baumwurzel weit hinausragt.

Die Brodtener Steilküste ist von wildromantischer Schönheit.

Immer wieder bieten sich tiefe Einblicke in die blankgewaschenen Schluchten, in die große Gesteinslawinen und auch Teile des Uferwaldes von den Sturmfluten des Meeres hinab gerissen wurden. Nicht selten begleiten Uferschwalben in weiten Kreisen Ihren Aufstieg zum „Gipfel" der Steilküste. Etwa 500 Brutpärchen haben sich in die unbewachsenen Steilhänge sichere Röhren für den Nachwuchs hineingegraben und das Brodtener Steilufer zu einer der bedeutendsten Uferschwalbenkolonien in Europa gemacht.

Nach etwa der Hälfte des Wanderweges stehen Sie auf der Hermannshöhe und blicken aus etwa 20 Meter Höhe über die Lübecker Bucht. Wenn Sie dann weiter dem Uferpfad folgen, haben Sie unbewaldete Aussicht auf kleine Segelboote, Surfer oder große Fähr-

und Frachtschiffe mit Kurs nach Schweden, Finnland und ins Baltikum. Bald darauf gelangen Sie zu der einzigen Treppe auf dem gesamten Weg, die Ihnen den Abstieg zum Strand ermöglicht. Wenn Sie dann ein Stück am Ufer entlanggehen, können Sie Ihren Blick die imposanten Klippenwände hinaufschweifen lassen.

Mit ein wenig Ausdauer werden Sie in den Steinbergen um Sie herum interessante Entdeckungen machen können. Unter Fossiliensammlern gilt das Brodtener Ufer als eine wahre Fundgrube für Souvenire aus den weit zurückliegenden Zeiten der Erdgeschichte. Im eiszeitlichen Geschiebe der Gletscher kamen Gesteine an das Ufer der Lübecker Bucht, die Überreste von längst ausgestorbenen Tier- und Pflanzenarten der geologischen Vergangenheit in sich bergen. 25 bis 600 Millionen Jahre alt sind die Donnerkeile, Ammoniten oder die Versteinerungen von Muscheln, Seeigeln oder Haifischzähnen, die am Strand zwischen Travemünde und Niendorf bisher gefunden wurden. Viele dieser Schätze von Geschiebesammlern sind heute im Stadtmuseum von Bad Schwartau ausgestellt.

Zurück auf dem Steilufer, wandern Sie an der Kliffkante dem Familien-Seebad Niendorf entgegen, in dem es etwas ruhiger zugeht als in der hanseatischen Ferienstadt Travemünde. Hier führt Sie die Strandpromenade direkt bis zum Hafen, in dem nicht nur Segelboote und Yachten vor Anker liegen. Hier werden Sie stets auch einige Berufsfischer treffen, die schon morgens vom Fang zurückgekehrt sind und tagsüber für den Geruch von frischem Fisch sorgen, der direkt vom Kutter verkauft wird. Nach dem Ha-

Lübeck-Travemünde aus der Luft: Doch auch aus der ganz normalen Perspektive ist es ein sehenswerter Ort.

Im Niendorfer Hafen lohnt sich ein kurzer Aufenthalt. *Foto: Wandmacher*

fenbummel müssen Sie nur noch bis zur nächsten Bushaltestelle laufen. Der Bus Nr. 26 fährt Sie dann in 11 Minuten wieder zurück zum Strandbahnhof von Travemünde.

Anfahrt mit dem Auto

Von Lübeck oder der A 1, Abfahrt Bad Schwartau, bis Travemünde, der Ausschilderung zum Kurzentrum und Aqua Top folgen, großer (kostenpflichtiger) Parkplatz nahe der Kurpromenade.

Anfahrt mit der Bahn

Mit der DB bis Lübeck, weiter mit Regionalbahn oder Bus bis Travemünde-Strandbahnhof. Am Casino vorbei bis zur Strandpromenade, nach links in Richtung Brodtener Steilküste.

Wegweiser für die Rastpause

Nach der Hälfte des Spazierweges:
Café-Restaurant ***Hermannshöhe***

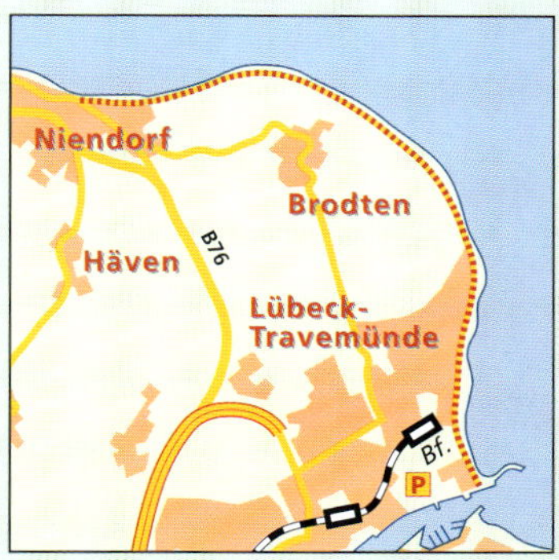

Gastronomisch betreute Verschnaufpause auf dem höchsten „Gipfel" der Steilküste.
Tel: 0 45 02 / 7 30 21
Täglich 10.00 – 22.00 Uhr
(Oktober bis Mai: Montag Ruhetag).
Betriebsferien: Mitte November bis Januar (zu Weihnachten und Silvester geöffnet).

Auf der Spur des weißen Goldes

Per Rad oder per Pedes von Berkenthin am Elbe-Lübeck-Kanal entlang

Ideal für eine anderthalbstündige Radtour oder für eine dreistündige Wanderung ist diese Strecke entlang der ehemaligen „nassen" Salzstraße, die heute meist feschen Sportbootkapitänen oder flotten Wasservögeln gehört.

Ungestört schwimmen Reiherenten, Stockenten und Blässhühner nahe der Berkenthiner Schleuse mitten in der Fahrrinne des Kanals umher. Schlepper, die hier mit Getreide, Futter- und Düngemittel von der Elbe zum Lübecker Hafen vorbeituckern, sind selten geworden. Nur in den Sommermonaten, wenn Segler, Motorbootkapitäne und Paddler diese Wasserstraße von und zur Ostsee für sich entdecken, müssen die Wasservögel etwas vorsichtiger werden. Für kurze Zeit herrscht dann wieder reger Verkehr auf der ältesten Kanalstraße Nordeuropas.

Vor 600 Jahren war dieser „Stecknitzkanal" eine wichtige Wasserstraße. Als Elbe-Lübeck-Kanal ist er heute ein beliebtes Revier für Vögel, Fischer und – im Sommer – Freizeitkapitäne.

Schon 1188 bekamen die Lübecker mit dem Barbarossa-Privileg von Kaiser Friedrich I. die Hoheitsrechte für die Stecknitz, die vom Möllner See zur Trave floss. Unbekannt ist, seit wann die Hanseaten Salz aus den Lüneburger Salinen nicht nur auf dem Landweg der „Alten Salzstraße", sondern ab Mölln auch auf dem Fluss transportieren ließen. Bekannt ist dagegen, dass sie 1390 das Recht zum Bau der so genannten „Nassen Salzstraße" bekamen, auf der das weiße Gold des Mittelalters von Lauenburg bis in die Hansestadt gelangen sollte.

Durch eine 11 Kilometer lange Kanalstrecke wurde die Stecknitz im Norden mit dem Flüsschen Delvenau, das bei Lauenburg in die Elbe mündet, zu einer 97 Kilometer langen Wasserstraße verbunden. Mit diesem „Stecknitzkanal" entstand der erste Kanal in Europa, der eine natürlich Wasserscheide überwindet.

Am 22. Juli 1398, dem Tag ihrer Schutzpatronin Maria Magdalena, kamen die ersten Salzschiffer nach dreiwöchiger Fahrt in Lübeck an. Seine von nun an stetig wachsende Bedeutung sollte der Stecknitzkanal erst nach dem Siegeszug der Eisenbahn im 19. Jahrhundert verlieren. Von 1895 bis

Die Kirche von Berkenthin, eine von sieben Kanalkirchen, war für die Stecknitzfahrer ein wichtiges Symbol am Ufer.

1900 entstand jedoch in seinem begradigten Bett eine neue, 67 Kilometer lange Wasserstraße, mit der damals Industriestandorte im Binnenland an den Ostseehafen von Lübeck angebunden wurden. Doch heute, 100 Jahre danach, spielt der Elbe-Lübeck-Kanal als Transportverbindung nur noch eine Nebenrolle.

Nach einem regelrechten „Postkartenblick" auf die Schleuse, die mittelalterliche Kanalkirche und die so genannte „Hochzeitsbrücke" von Berkenthin wenden Sie dem Dorf erst einmal den Rücken zu und radeln oder wandern auf dem Uferdamm kanalaufwärts in Richtung Hude. Hoch oben auf dem breiten Grasweg bewegen Sie sich am historischen Fahrwasser der Stecknitzfahrer entlang.

Ihr Weg führt sie durch eine sanfte Hügellandschaft, die noch immer bäuerlich geprägt ist. Wie ein bläulich silberner Streifen wälzt sich der Kanal behäbig durch die grünen, braunen oder gelben Flecken der Wiesen und Felder, vorbei an sumpfigen Niederungen und lichten Wäldchen.

Gäbe es hier die Pappeln und die modernen Wasserverkehrszeichen nicht, könnte manchmal der Eindruck entstehen, dass irgendwann im Laufe der 600-jährigen Kanalgeschichte die Zeit einfach stehen geblieben ist. Auch wenn Sie ganz gemächlich durch die weite Landschaft bummeln, sind Sie immer noch schneller als einst die Salzschiffer in ihren wuchtigen Prähmen. Diese kastenförmigen Holzboote, stets mit bis zu 12,5 Tonnen Salz beladen, kamen selbst kanalabwärts in Richtung Lübeck kaum in Fahrt. Von Lübeck kommende Schiffe mussten von Treidlern bis Mölln sogar mühselig von Schleuse zu Schleuse gezogen werden.

Daher dürften die Stecknitzfahrer schon von Berkenthin bis zur Behlendorfer Schleuse wesentlich länger gebraucht haben als Sie, die Sie dort nach gut einer halben Stunde ankommen. Die kleine Schleusenstation ist eine von sieben

Schleusen am heutigen Elbe-Lübeck-Kanal. Am früheren Stecknitzkanal gab es dagegen 15, später sogar 17 Stauschleusen, mit denen das landschaftliche Gefälle von Lauenburg bis zum Möllner See aufwärts und danach wieder abwärts bis nach Lübeck ausgeglichen wurde. An der Behlendorfer Schleuse ist der Höhenunterschied mit rund anderthalb Metern heute am geringsten.

Da es an dieser Schleusenstation keine Brücke gibt, sollten Sie auf dem Uferdamm weiter in Richtung Hude streben. Hier können Sie nach etwa der Hälfte des Rundweges den Kanal überqueren. Einige hundert Meter weiter spazieren Sie dann links in das Dörfchen Anker hinein. Nach dem anderen Ende des Ortes führt Sie ein kleiner Asphaltweg nach links zwischen Wiesen und Äcker hindurch, bis Ihnen nach rechts ein Feldweg offen steht, der ansonsten nur land- und forstwirtschaftlichen Fahrzeugen zugänglich ist. Wenn Sie dann an der nächsten Kreuzung nach links abgebogen sind, erscheint der Rundblick über Felder, grüne Hügel und weit auseinander liegenden Bauernhöfe als ein überdimensional großes Landschaftsbild, wie es schon Landschaftsmaler im 17. und 18. Jahrhundert gesehen und gemalt haben. Sobald Sie an einer weißen Villa angekommen sind und auch die Behlendorfer Schleuse wieder sehen, sollten Sie links der Straße in Richtung Hollenbek folgen. In dem kleinen Dorf wandern oder radeln Sie dann nach links an der Landstraße entlang, dem Berkenthiner Kirchturm entgegen. Ein Fahrrad-Symbol weist Ihnen links den asphaltierten Schleichweg direkt bis zu der frühgotischen Feldsteinkirche am Kanal.

Die Dückerschleuse von Witzeeze. Das letzte erhaltene Wohnhaus eines Schleusenwärters.

Verwitterte Grabsteine und eine Holzfigur der Maria Magdalena erinnern hier daran, dass dieses Gotteshaus einst eine von sieben Stecknitzfahrer-Kirchen gewesen ist. Ab November 1999 können Sie vom Kirchhügel geradewegs auf die restaurierte „Hochzeitsbrücke" und dann zum Parkplatz spazieren.

Doch bis dahin bleibt nur der Weg über die Schleusenbrücke zurück zum Ausgangspunkt der Wanderung.

Anfahrt mit dem Auto

Von der A 21, Abfahrt Bad Oldesloe, auf die B 75 in Richtung Lübeck, im Stadtzentrum von Bad Oldesloe oder A1, Abfahrt Bad Oldesloe, auf die B 208 in Richtung Ratzeburg bis Berkenthin. Vor der Kanalbrücke der Ausschilderung zu „Meier's Gasthof" folgen. Parkplatz hinter dem Haus an der Kanalbrücke für Fußgänger.

Von der A 24, Abfahrt Talkau, oder von Lübeck auf der B 207 in Richtung Ratzeburg. Vor dem Ortseingang von Ratzeburg auf die B 208 in Richtung Bad Oldesloe bis Berkenthin. Hinter der Kanalbrücke erste Straße links am Gemeindeamt vorbei bis zum Parkplatz hinter „Meier's Gasthof".

Schleusenfahrt von Lübeck nach Berkenthin

Information
Familie Quandt
Tel: 04 51 /7 77 99
April bis Oktober: jeden Dienstag um 13.00 Uhr ab Lübeck,

Schiffsanleger Holstentorterrassen/Obertrave (Rückfahrt um 17.00 Uhr ab Berkenthin).

Kirche Berkenthin
März bis Oktober: täglich 9.00–16.00 Uhr (ansonsten Schlüssel im Pastorat nebenan).

Wegweiser für die Rastpause nach dem Spaziergang

In Berkenthin: ***Meier's Gasthof***
Landgasthof an der „Hochzeitsbrücke" über den Elbe-Lübeck-Kanal.
Tel: 0 45 44 / 3 12
Täglich 11.30 – 22.00 Uhr, Donnerstag Ruhetag, (November – April: Mittwoch/Donnerstag Ruhetag).

Lauenburgische Wasserwanderung

Am und über den Ratzeburger See

Ein gut zweistündiger Spaziergang am Ostufer des Ratzeburger Sees bietet eine zwar schöne, aber etwas einseitige Aussicht. In Kombination mit einer Schifffahrt von der Nordspitze des Sees bis zur Inselstadt Ratzeburg eröffnet sich jedoch eine ganz besondere Perspektive. Solche Aussichten in die lauenburgische Landschaft genoss schon Heinrich der Löwe.

Lang ausgestreckt liegt der Ratzeburger See in seinem Becken, das ihm eine Gletscherzunge vor über 10 000 Jahren in die Landschaft hineingeschürft hat. Vom Schiffsanleger am Lüneburger Damm aus betrachtet wirkt das weite, offene Gewässer wenig geheimnisvoll. Doch wenn Sie an gleicher Stelle, neben der Tourist-Information, eines der Ausflugsschiffe besteigen, sind Sie auf dem besten Wege zu einigen bemerkenswerten Aus- und Einblicken.

Erst von der Wasserseite aus betrachtet zeigt sich die Stadt Ratzeburg als Inselstadt. Auf der angrenzenden Domhalbinsel erhebt sich ein monumentales Gotteshaus. Der Ratzeburger Dom ist der einzige (spät)romanische Dom, der in seiner ursprünglichen Form noch aus der Zeit Heinrich des Löwen erhalten ist. Noch vor Lübeck, Schwerin und Braunschweig begründete der legendäre Sachsenherzog 1154 das Bistum Ratzeburg, um hier seine weltliche Macht mit Hilfe eines getreuen Kirchenherrschers zu stärken. Den Grundstein für den 65 Meter langen Backsteindom ließ Heinrich der Löwe 1165 legen. Als der Bau dann 1220 fertig gestellt war, war die Herrschaft Heinrich des Löwen aber seit 40 Jahren vorbei. Gestürzt hatte ihn Kaiser Friedrich Barbarossa, der wenig später die Hoheitsrechte für den Ratzeburger See 1188 ausgerechnet den Lübeckern übertrug. Dieses „Barbarossa-Privileg" sorgte – wie hätte es anders sein können – für jahrhundertelange Streitigkeiten zwischen den Hanseaten und den Ratzeburgern.

Das Bistum Ratzeburg existierte bis 1554, als der letzte Ratzeburger Bischof seiner klerikalen Würde entsagte und heiratete.

100 Jahre später wurde auch das Domherrenstift aufgelöst. Neue Herren kamen und Ratzeburg wurde zweigeteilt: Die Mecklenburger Herzöge erhielten das ehemalige Bistum als Fürstentum. Die Stadt Ratzeburg dagegen wurde Erbe der lauenburgischen Askanier-Herzöge. Später kamen die Franzosen, dann die Dänen und letztendlich auch noch die Preußen.

Erst 1937 wurde die lauenburgische Stadt mit der mecklenburgischen Dominsel wieder vereinigt. Heute ist Ratzeburg eine von 11 Schleswig-Holsteinischen Kreis-

Der Dom zu Ratzeburg ist nicht nur von außen schön. Im Innern gibt es Passionsrelief, Barockaltar, Renaissancekanzel oder auch gotische Dreisitze zu sehen. Wer es moderner mag: Im Klosterinnenhof steht eine Skulptur von Ernst Barlach, der „Bettler auf Krücken".

städten und ein recht bekanntes Wassersportzentrum.

Je nachdem, welche Schiffsroute Sie gewählt haben, steigen Sie entweder nach 35 oder schon nach fünf Minuten an dem kleinen Seglerhafen von Römnitz aus und gehen auf der kopfsteingepflasterten Straße den Uferhang hinauf. Kaum liegen Sportboot-Parkplatz und Campingplatz hinter Ihnen, da wird es zunehmend ruhiger und ländlicher. Sie haben den traditionellen Teil von Römnitz erreicht, das 1285 als Bauerndorf gegründet wurde. Schon vor dem Ortsausgang weichen Sie nach links von der Dorfstraße ab und wandern durch die Felder in Richtung Forsthaus Kalkhütte. Der weite Ausblick auf den See und sein westliches Ufer wird Ihnen zwar bald von vielen Bäumen verstellt. Doch bei dem Spaziergang durch den geschützten Steinort-Forst können Sie dafür eine vielstimmige Vogelwelt erleben. Viele seltene Vogelarten konnten im Schutz der ehemaligen Grenze vier Jahrzehnte lang ungestört brüten. Wenn Sie dann am Campingplatz von Kalkhütte wieder aus dem Wald heraustreten, kommen Sie dem See schnell ein Stück näher, sobald Sie nach links zum Forsthaus Kalkhütte hinunterlaufen.

Hier gibt es eine letzte Gelegenheit, die restlichen drei Viertel des Spazierweges mit dem Ausflugsdampfer zu umschiffen. Dazu müssen Sie nur geradeaus bis zur Anlegestelle am Seeufer hinuntergehen. Ansonsten wandern Sie vor dem Gasthaus nach rechts in den Forst Seebruch hinein und durchqueren das ehemalige Waldreich des sagenhaften Räubers Papendöneke.

In Ratzeburg wird von einem Mädchen erzählt, das Papendöneke eines Nachts entführte. Sie musste fortan mit dem Räuber im Wald leben und gebar ihm im Laufe der Jahre sieben Söhne. Der teuflische Papendöneke hat sie sofort getötet, an einem Seil über seiner Höhle aufgehängt und bis-

Das Stadtzentrum liegt auf einer Insel mitten im Großen Ratzeburger See, dessen Ausläufer Küchensee und Domsee genannt werden.

weilen vergnügt unter den dürren Gerippen getanzt, ja sogar gesungen. Erst nach vielen Jahren durfte die todunglückliche Frau einmal zum Markt nach Ratzeburg, musste aber vorher versprechen, dass sie niemandem von ihrem Leid erzählen würde.

Doch als sie sich nach dem Einkaufen über einen Stein am Wegesrand warf und sich ihren Kummer von der Seele schluchzte, hörte ihr Bruder, der ihr heimlich gefolgt war, alles mit an. Voller Wut holte er Verstärkung, folgte seiner Schwester bis zur Räuberhöhle und brachte Papendöneke nach Ratzeburg an den Galgen.

Heute werden Sie weder Räuber noch Vorboten der ehemaligen Grenze auf Ihrem Weg durch den lichten Buchenmischwald treffen. Der Pfad führt Sie an einem Holzschlagbaum nach links auf eine schmale Asphaltstraße und später hinaus in eine hügelige Acker- und Wiesenlandschaft. Auf dem breiten Feldweg zum mecklenburgischen Campow sollten Sie nicht nur den Seeblick, sondern auch den Blick in den freien Himmel genießen.

Nachdem Sie am Ortseingang von Campow die Grenze zu Mecklenburg überquert haben, steht Ihnen nach Utecht nur der Weg an der Landstraße offen. Neue Eigentümer haben inzwischen das Seeufer teilweise verbaut, so dass Sie auch von Utecht nach Rothenhusen weiter an der Asphaltstraße entlangspazieren müssen. Über die kleine Wakenitz kehren Sie dann nach Schleswig-Holstein zurück und besteigen in Rothenhusen wieder ein Ausflugsschiff. Bei Kaffee und Kuchen an Bord können Sie neun schöne Kilometer lang die Panorama-Aussicht auf beide Ufer des Großen Ratzeburger Sees genießen, bevor Sie nach einer guten dreiviertel Stunde am Ausgangspunkt des Rundweges anlegen.

Anfahrt mit dem Auto

Von der A 21, Abfahrt Bad Oldesloe, auf die B 75 in Richtung Lübeck. Im Stadtzentrum von Bad Oldesloe oder A1, Abfahrt Bad Oldesloe, auf die B 208 in Richtung Ratzeburg. Durch den Ort bis zur Touristeninformation Schiffsanleger Lüneburger Damm. Gebührenpflichtiger Parkplatz.

Von der A 24, Abfahrt Talkau, oder von Lübeck auf der B 207 in Richtung Ratzeburg. Gebührenpflichtiger Parkplatz am Lüneburger Damm.

Anfahrt mit Bahn und Bus

Von Lübeck oder Lüneburg mit der Regionalbahn nach Ratzeburg. Vom Bahnhof mit Stadtbus bis zum Schiffsanleger Lüneburger Damm.

Von Hamburg-Wandsbek mit dem Städteschnellbus nach Ratzeburg.

Ratzeburger Dom
Dombüro Tel: 0 45 41 / 34 06
Täglich 10.00 – 12.00 Uhr und 14.00 – 18.00 Uhr (im Winterhalbjahr Di – So bis 16.00 Uhr).

Wegweiser für die Rastpausen unterwegs

Am 1. Schiffsanleger
Römnitzer Mühle
Fischspezialitäten am Seglerhafen.
Tel: 0 45 41 / 70 32

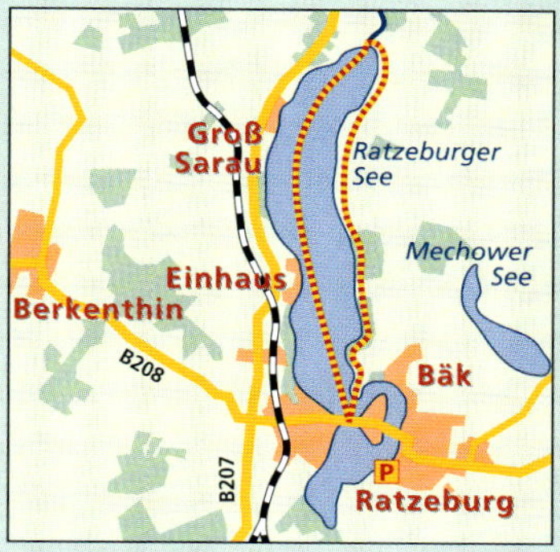

Täglich 10.00 – 23.00 Uhr (November bis April: Montag Ruhetag), warme Küche: 11.30 – 14.30 Uhr und 17.30 – 21.30 Uhr, (Betriebferien im Februar).

Am 2. Schiffsanleger:
Forsthaus Kalkhütte
In der ehemaligen Försterei mit Seeblick Wild und Fisch essen.
Tel: 0 45 41 / 55 75
März bis Dezember: täglich 11.00–22.00 Uhr (ab Mitte Oktober ab 15.00 Uhr), warme Küche 11.00–14.30 Uhr und 17.30 – 22.00 Uhr, Do Ruhetag.

In Campow: ***Café Wiesenblick***
Bauernhof-Café mit deftigen und süßen Kleinigkeiten für den Wanderhunger zwischendurch.
Tel: 03 88 75 / 2 09 78
Ostern bis Oktober: täglich ab 14.00 Uhr (Dienstag Ruhetag). November bis März: Fr ab 17.00 Uhr, Sa, So ab 14.00 Uhr.

Von der Sehnsucht einer Nonne ...

Am Schaalsee im Naturpark Lauenburgische Seen

Auf dem anderthalbstündigen Spaziergang zeigt sich die Natur rein und ursprünglich in der fast unberührten Schaalsee-Landschaft. Sie soll einst nicht nur von rauhen Gletscherzungen, sondern sogar von des Teufels eigener Hand gestaltet worden sein.

Nichts regt sich ringsherum, außer vielleicht einigen Vögeln, die sich in den Bäumen unbeobachtet fühlen. Von Ferne dringt manchmal Traktorengeknatter herüber, gelegentlich bellt ein Hund.

Schnell könnten Sie hier das Gefühl bekommen, dem Ende der Welt entgegenzulaufen, wenn Sie dem Wanderwegweiser folgen und auf einem schmalen Trampelpfad am Rande des Dorfes Groß Zecher entlanggehen.

Bis 1989 lag Groß Zecher unmittelbar an der deutsch-deutschen Grenze, die mitten durch den Schaalsee verlief. Einen Grenzübergang gab es hier natürlich nicht und das kleine Dorf war 40 Jahre lang ein abseits gelegener Endpunkt der (westlichen) Welt.

Noch bevor Sie aus dem Dorf hinausspaziert sind, gleitet Ihr Blick über eine der vielen schilfbewachsenen Buchten des Schaalsees. Schon hier, am so genannten Küchensee, können Sie die ersten Wasservögel entdecken, die sich jahrzehntelang im Schutz der gut gesicherten Staatsgrenze rund um den Zecherschen Werder ungestört ausgebreitet haben. Um das Seeufer herum dringen Sie immer weiter auf die Halbinsel vor und laufen über einen Campingwagen-Parkplatz geradewegs dem Wald entgegen. Der Küchensee glitzert noch eine kleine Weile von links durch die Bäume hindurch, bis Sie der Wanderwegweiser erst an einer Wiese entlang und dann immer tiefer in das Dickicht des urwüchsigen Waldes hineinführt.

Zwischen stattlichen Buchen und knorrigen Eichen schimmert es schon bald wieder bläulich hindurch.

Sie nähern sich dem nördlichen Steilufer des Werders, das weit in den Schaalsee hineinragt.

Gletscherzungen und Schmelzwasserstrudel haben hier während der letzten Eiszeit vor rund 12 000 Jahren ein stark zerklüftetes Becken in die Moränenlandschaft hineingegraben.

Nach dem Abtauen des Eises füllte es sich mit Wasser und misst nun an seiner tiefsten Stelle 71,5 Meter. Damit ist der Schaalsee der tiefste See in der norddeutschen

Auf dem naturgeschützten Schaalsee sind Sportboote eher die Ausnahme.
Foto: Fotoagentur Helga Lade

Tiefebene. Auf insgesamt 24 Quadratkilometern windet er sich durch die sanften Ausläufer des Westmecklenburger Seen- und Hügellandes. 80 Kilometer lang sind seine Ufer, die in unzähligen Buchten und stillen Seitenarmen enden.

Das ehemalige Grenzgebiet bot vier Jahrzehnte lang vielen seltenen, zum Teil sogar vom Aussterben bedrohten Tier- und Pflanzenarten einen einzigartigen Überlebensraum. Schon vor der Wiedervereinigung 1989 wurde die Schaalsee-Landschaft von beiden deutschen Staaten vollständig unter Schutz gestellt. Heute wird die östliche Seite vom Land Mecklenburg-Vorpommern als geschütztes Biosphärenreservat verwaltet. Die westliche Hälfte des Schaalsees ist Teil des Naturparks Lauenburgische Seen. Seit 1990 arbeiten die Naturschützer beider Seiten im Zweckverband „Schaalsee-Landschaft" zusammen, um das einzigartige Naturreservat in seiner Gesamtheit gegen eine wachsende touristische Vermarktung zu schützen.

Hoch oben auf dem Steilufer stehen Sie an der schmalen Nordspitze des Zecherschen Werders, die in der Umgebung auch Teufelsbrücke genannt wird.

Hier soll der Satan einst seine Brücke zum westlich gelegenen Seedorf begonnen haben, erzählt die Legende. Doch von den sagenumwobenen Fußabdrücken des Teufels ist heute am Ufer des Schaalsees nichts mehr zu sehen.

Daher verpassen Sie nichts, wenn Sie auf den Abstieg zum See verzichten. Statt dessen sollten Sie lieber mit offenen Augen weiter am Hochufer entlangspazieren.

Mit etwas Glück könnten Sie zwischen den Wipfeln der Bäume den eleganten Flug eines Kranichs, eines Graureihers oder sogar eines Seeadlers beobachten, die an dem unberührten Seeufer eines ihrer letzten Brutreviere in Schleswig-Holstein haben. In der passenden Jahreszeit dringt vielleicht auch das Quaken der Laub- und Moorfrösche an ihr Ohr. Sie leben vor allem an morastigen Buchten und teilen sich dieses Revier mit Ringelnattern, Kreuzottern, Eidechsen oder auch Fischottern.

Verborgen bleiben Ihnen allerdings die geheimnisvollen Tiefen des Schaalsees, in denen es seltene Fischarten wie den Stint, die Westgroppe oder die Große Maräne zu sehen gäbe. Die Maräne soll im Mittelalter von des Teufels eigener Hand in den See gekommen sein: Es soll sich im 13. oder 14. Jahrhundert zugetragen haben, dass eine Äbtissin des nahe gelegenen Zarrentiner Nonnenklosters ihr Heimweh mit Felchen oder eben Maränen aus ihrer Heimat am Bodensee kurieren wollte. Die Unglückliche schloss einen Pakt mit dem Teufel. Die üblichen Konditionen: Er bekäme ihre Seele, wenn er ihr noch vor dem Mitternachts-Läuten der Klosterglocke die Felchen bringen würde. Doch als der Satan mit einem prall gefüllten Umhang voll zappelnder Maränen in Sichtweite des Klosters auftauchte, läutete die Äbtissin die Betglocken schnell zwölfmal. Vor Wut über die List ließ der Teufel seine kostbare Fracht fallen und die lachsartigen Fische verschwanden augenblicklich in den Tiefen des Schaalsees.

Foto: Fotoagentur Helga Lade

Die Landschaft am Schaalsee profitierte von der ehemaligen deutsch-deutschen Grenze. Heute profitiert der ruhesuchende Gast.

Nachdem Sie den schmalen Landzipfel des Zecherschen Werders einmal umrundet haben, entfernen Sie sich wieder vom Schaalsee-Steilufer. Auf einem breiten Waldweg spazieren Sie an der großen Wiese entlang, die Sie auf dem Hinweg von der anderen Seite gesehen haben. So durchqueren Sie das Zentrum der Halbinsel, bis Sie am Campingwagen-Parkplatz wieder aus dem Wald heraustreten. Um den Küchensee herum laufen Sie auf bekannten Pfaden den direkten Weg zum Parkplatz zurück. Genauso gut können Sie aber auch durch das Dorf gehen und von Ferne einen Blick auf das restaurierte Herrenhaus der Familie von Witzendorff werfen.

Ende des 17. Jahrhunderts übernahm das lüneburgische Geschlecht derer von Witzendorff das ritterschaftliche Gut Zecher, das schon im Mittelalter urkundlich erwähnt wird. Im Laufe der Jahrhunderte erwarben sich Mitglieder der Familie immer wieder als Landespolitiker einen Namen, wie zum

Beispiel jener Ottokar von Witzendorff, der in den 60er Jahren des 19. Jahrhunderts die Verhandlungen um die Übergabe des Herzogtum Lauenburgs an Preußen führte. Aus dem 19. Jahrhundert stammt auch das klassizistische Herrenhaus, das von der Familie von Witzendorff bis heute ausschließlich privat genutzt wird.

Auf der Gutsanlage sind Spaziergänger nur als Zaungäste erwünscht. Daher sollten Sie sich mit dem Anblick aus der Ferne begnügen und dann die Dorfstraße von Groß Zecher bis zum Ausgangspunkt der Wanderung hinauflaufen.

Anfahrt mit dem Auto:

Von der A 24, Abfahrt Talkau, auf der B 207 bis nach Mölln, dann über die Dörfer Sterley, Hollenbek, Klein Zecher bis zur Landstraße Zarrentin-Seedorf. Dort nach links in Richtung Seedorf bis rechts (in einer Kurve) zum Abzweig nach Groß Zecher. Zufahrt zum ausgeschilderten Wanderparkplatz hinter dem Ortseingang links.

Von der A 21 oder A1, Abfahrt Bad Oldesloe, auf der B 208 bis nach Ratzeburg, dann in Richtung Seedorf, Zarrentin bis zum Abzweig Groß Zecher. Zufahrt zum ausgeschilderten Wanderparkplatz etwas versteckt.

Wegweiser für die Rastpause nach dem Spaziergang

In Groß Zecher: ***Maräne***
Süßwasserfisch-Spezialitäten in der rustikal-gemütlichen Atmosphäre eines alten Dorfgasthofes.

Tel: 0 45 45 / 13 71
Täglich 11.30 – 21.30 Uhr,
Dienstag Ruhetag.

Paalhuus
Informationszentrum zur Schaalsee-Region in Zarrentin.
Wittenburger Chaussee 13
19246 Zarrentin
Tel: 03 88 51 / 30 20
April bis Oktober: Mo – Fr 11.00 – 17.00 Uhr, Sa, So 11.00 – 18.00 Uhr,
(veränderte Öffnungszeiten außerhalb der Saison).

Waldfahrt in einen fürstlichen Forst

Auf dem Rundweg Nr. 2 von Friedrichsruh durch den Sachsenwald

Der zweistündige Waldspaziergang durch die „grüne Lunge" von Hamburg muss nicht, kann aber gleichzeitig eine Fahrt zur letzten (Un)Ruhestätte des Reichskanzlers Fürst Otto von Bismarck sein, der im Sachsenwald die letzten Jahres seines Lebens verbrachte.

Absolute Ruhe und Stille, die nur von Naturgeräuschen aus dem Wald durchbrochen wird, ist in dem kleinen Friedrichsruh seit mehr als 100 Jahren vermutlich selten. Dazu bedurfte es noch nicht einmal der Asphalt- und Schienentrassen für den großstädtischen Regionalverkehr, die heute quer durch den Ort verlaufen. Schon als Bismarck, der Mitbegründer des 2. Deutschen Reiches, 1871 den Sachsenwald von seinem frisch gekrönten Kaiser Wilhelm I. geschenkt bekam, war es mit der stillen Abgeschiedenheit des winzigen Dorfes vorbei. Erst hielt Reichskanzler Bismarck und mit ihm der politische Trubel Einzug in die lauenburgische Provinz.

Foto: Wandmacher

In abgeschiedener Ruhe wohnte der „eiserne Kanzler" im idyllischen Sachsenwald vor den Toren Hamburgs.

Nach seinem Tod 1898 wurde Friedrichsruh dann zum weit bekannten Wallfahrtsort der deutschen Geschichte, den seitdem jährlich tausende Politpilger aufsuchen. Was aber noch lange nicht heißen muss, dass auch Sie gleich diesem geschichtsbegeisterten Besucherstrom folgen müssen.

Der breite Kiesweg neben dem Parkplatz bietet Ihnen einen kurzen Weg in den Wald hinein, in den sich schon Jahrtausende vor den Preußen die Steinzeitmenschen, später Soldaten während des Dreißigjährigen Krieges oder ein hannoverscher Statthalter von Lauenburg zurückgezogen haben.

Graf Friedrich Carl August zur Lippe, Sternberg und Schwalenberg soll sich 1767 ein einsames Forsthaus mitten im Sachsenwald als Jagddomizil gekauft haben, das in der Umgebung bald „Friedrichs-Ruhe" genannt wurde. Der Forst dagegen, der mit 60 Hektar heute als das größte zusammenhängende Waldgebiet im waldärmsten deutschen Bundesland gilt, erhielt seinen Namen schon im hohen Mittelalter. Nach der

Was der Fürst einst genoss, mögen die Leute von heute auch: vergnügliche Reise auf dem Mühlenteich. *Foto: Wandmacher*

Schlacht von Bornhöved 1227 bedankte sich der Bremer Erzbischof bei Herzog Albrecht I. von Sachsen-Lauenburg für seine Bündnistreue gegen die Dänen und schenkte ihm – wie Jahrhunderte später der erste preußische Kaiser seinem getreuen Reichskanzler – den Wald. Die eigentliche Siedlungsgeschichte begann im Sachsenwald allerdings schon drei Jahrtausende früher. Bereits in der Bronze- und Eisenzeit erbauten Menschen ihre Häuser im Schutz der Bäume.

Mehr als 1000 Fundstellen aus der Ur- und Frühgeschichte konnten bisher gesichert werden und ließen den Sachsenwald zu einem archäologischen Schatzkästchen werden. Die ersten Menschen in diesem Gebiet waren jedoch die so genannten Hamburger Rentierjäger, die nach dem Abschmelzen der Gletscher vor etwa zehn- bis zwölftausend Jahren als Nomaden den wilden, kälteliebenden Hirschen des Nordens folgten.

Wie die kleine Au an Ihrem Wegesrand, die noch an die eiszeitliche Entstehung der Landschaft erinnert, entfernen auch Sie sich schnell vom unruhigen Friedrichsruh. Schon nach einigen hundert Metern weist Ihnen die weiße „2" rechts einen breiten Pfad in die verwunschenen Tiefen des fürstlichen Forstes, der bis heute im Besitz der Bismarck'schen Familie ist. Unter den Schirmen stattlicher Nadelhölzer entdecken Sie wenig später eine untypische Anhöhe, die unschwer als einer von 650 bronzezeitlichen Grabhügeln des Sachsenwaldes zu erkennen ist.

Ringsherum steigt feuchter Dunst aus dem bemoosten Waldboden auf. Großflächig bricht sich das Licht seine Bahn durch die Zweige der Laub- und Nadelhölzer. Von Ferne erschallt gelegentlich das rhythmische Klopfen eines Spechtes. Oder ein Reh springt Ihnen grazil in den Weg und verschwindet in den Weiten der naturbelassenen Baumlandschaft. Vielleicht huscht auch gerade ein Eichhörnchen neben Ihnen den Stamm einer Douglasie hinauf. In einer der vielen Geschichten über Bismarck als Wald- und Naturliebhaber wird ihm der Verdienst zugeschrieben, diesen nordamerikanischen Nadelbaum in Deutschland eingeführt zu haben. Auf

Anregung des in Hamburg lebenden Schotten John Booth ließ der neue Waldfürst in den 1880er Jahren die ersten Douglasien im Sachsenwald anpflanzen. Die planmäßige Forstwirtschaft begann jedoch schon am Anfang des 18. Jahrhunderts zu Zeiten der Hannoveraner. Sie begrenzten die Hauungen, legten Schonungen an und forsteten den willkürlich ausgelichteten Baumbestand wieder auf. 1745 führten sie auch die Fichte in den Buchen-Eichen-Mischwald ein. Mit den Aufforstungen im 18. und 19. Jahrhundert entstand das regelmäßige Wegenetz, das bis heute den gesamten Wald durchzieht.

Auf gut markierten Pfaden wandern Sie zwischen den hoch aufragenden Bäumen, die häufig mehr als 100 Jahre alt sind, gen Norden durch den Sachsenwald. Erst nach etwa der Hälfte der Wanderstrecke ändert sich die Himmelsrichtung und Sie spazieren von der großen Kreuzung am Witzhaver Viert nach rechts gen Südosten. Sobald Sie die Landstraße überquert haben, geht's nach rechts in südlicher Richtung wieder zurück nach Friedrichsruh. Am Ende des Weges bieten sich Ihnen nun bei einem Spaziergang quer durch das geschichtsträchtige Dorf gleich mehrere Gelegenheiten, um Bismarck und seine Altersresidenz ausgiebig kennen zu lernen.

Hier ruht Bismarck und hierher ins Mausoleum pilgern noch heute seine Bewunderer. Foto: Wandmacher

Während Bismarck bei seinen ersten Aufenthalten noch in Hotels der Umgebung wohnte, erwarb er 1873 das ehemalige Hotel „Frascati" und ließ es zu einem ländlichen Gutshaus umbauen. Von hier aus führte er dann zeitweise seine gesamten Regierungsgeschäfte, für die sogar ein eigenes Postamt mit Telegrafenstation eingerichtet wurde. 1890 entließ Kaiser Wilhelm II. den Reichskanzler aus seinem Amt und Bismarck siedelte mit seiner Familie vollständig in den Sachsenwald über. Trotzdem nahm er von hier weiterhin regen Anteil am weltpolitischen Geschehen. Zu seinem 80. Geburtstag am 1. April 1895 bevölkerte dann nicht nur eine riesige Gratulantenschar das kleine Friedrichsruh. Die 9875 Telegramme und rund 450 000 Briefe und Karten sorgten auch auf dem Postamt für ein historisch einmaliges Chaos. Alle Geburtstagsgeschenke und z. B. das Arbeitszimmer des Altreichskanzlers können Sie sich im Bismarck-Museum anschauen. Sein Landschloss, das nach dem zweiten Weltkrieg neu aufgebaut werden musste, ist heute Wohnsitz der Familie seines

Urenkels Fürst Ferdinand von Bismarck und daher für die Öffentlichkeit nicht zugänglich.

Gegenüber der Schlossmauer, auf der anderen Seite der Bahnlinie, können Sie dagegen noch die Anhöhe zum Bismarck-Mausoleum hinaufsteigen, in dem der 1898 verstorbene „Alte aus dem Sachsenwald" und seine Frau ihre letzte Ruhe gefunden haben. Ansonsten biegen Sie schon vor dem Bahnübergang nach rechts zum Garten der Schmetterlinge ab und stehen wenige Minuten später wieder am Ausgangspunkt Ihrer Rundwanderung.

Anfahrt mit dem Auto

Von der A 24, Abfahrt Schwarzenbek-Grande, oder von der B 404 bis nach Grande, von dort nach Friedrichsruh, Ortsdurchfahrt vor der Bahnlinie nach rechts zum Parkplatz am Garten.

Anfahrt mit der Bahn

Von Hamburg oder Büchen mit der Regionalbahn bis Friedrichsruh. Über den Bahnübergang zum Garten der Schmetterlinge. Ausgangspunkt der Wanderung ist der ausgewiesene Parkplatz am Garten der Schmetterlinge.

Bismarck-Museum
Tel: 0 41 04 / 24 19
1. April bis 30. September:
Mo 14.00 – 18.00 Uhr, Di – So 9.00 – 18.00 Uhr;
1. Oktober bis 31. März:
Di – Fr 9.00 – 16.00 Uhr,
Sa, So 10.00 – 17.00 Uhr,
Mo Ruhetag.

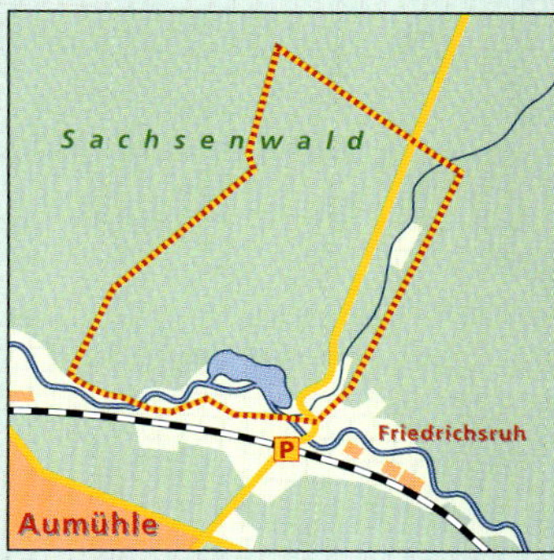

Bismarck-Mausoleum
Tel: 0 41 04 / 58 50
1. April bis 30. September:
Di – So 10.00 – 18.00 Uhr,
Mo Ruhetag;
1. Oktober bis 31. März:
Sa, So 10.00 – 16.00 Uhr.

Wegweiser für die Rastpause nach dem Spaziergang

Am Garten der Schmetterlinge:

Café Vanessa
Kaffee und Kuchen in einem exotischen Wassergarten.
Tel: 0 41 04 / 72 93
Sommer: Mo – So 11.00 – 18.00 Uhr, Winter: Di – So 11.00 – 17.00 Uhr,
Mo Ruhetag.

Albersdorf
Fremdenverkehrsamt
Bahnhofstraße 23
Tel: 0 48 35 / 9 79 70
Fax: 0 48 35 / 97 97 97

Ahrensburg
Verein Jordsand
Tel: 0 41 02 / 3 26 56

Ascheffel
Naturpark Hüttener Berge
Fremdenverkehrsverein
Schulberg 6
24358 Ascheffel
Tel: 0 43 53 / 99 72 18
Fax: 0 43 53 / 99 72 30

Aukrug, Naturpark
Fremdenverkehrsverein
Bargfelder Straße 10
24613 Aukrug
Tel: 0 48 73 / 9 99 44
Fax: 0 48 73 / 9 99 99

Heimatmuseum
„Dat ole Hus"
Na't ole Hus 1
24613 Aukrug
Tel: 0 48 73 / 6 03
Öffnungszeiten:
Sa, So, feiertags
14.00–18.00 Uhr

Aumühle
Bismarck-Museum
und Mausoleum
Altes Landhaus
21521 Aumühle-Friedrichsruh
Tel: 0 41 04 / 24 19
Öffnungszeiten: ab 01.04.
Mo 14.00–18.00 Uhr,
Di–So 9.00–18.00 Uhr;
ab 01.10. Mo geschlossen,
Di–Fr 9.00–16.00 Uhr,
So 10.00–17.00 Uhr

Mausoleum
Tel: 0 41 04 / 58 50
Öffnungszeiten:
April bis Oktober
10.00–18.00 Uhr (außer Mo), November bis März,
Sa, So 10.00–16.00 Uhr

Garten der Schmetterlinge
Fürstlich von Bismarck'-sche Schlossgärtnerei
Am Schlossteich
21521 Aumühle-Friedrichsruh
Tel: 0 41 04 / 60 37
Fax: 0 41 04 / 15 74
Öffnungszeiten: Ostern bis Ende Oktober
täglich 9.00–18.00 Uhr,
während der Winterzeit nur bis 17.00 Uhr.

Barmstedt
Museum der Grafschaft Rantzau
Rantzau 8
25355 Barmstedt
Tel: 0 41 23 / 42 96
Öffnungszeiten:
So 14.00–18.00 Uhr und nach Vereinbarung

Bootsverleih am Rantzauer See:
Peter Latsch
Tel: 0 41 23 / 64 67 oder
0 41 23 / 37 63 (priv.)
Öffnungszeiten:
Ostern bis September
täglich ab 14.00 Uhr (wetterabhängig),
während der Schulferien
täglich ab 11.00 Uhr (wetterabhängig).

Berkenthin
s. unter Alte Salzstraße

Bismarck-Museum
s. unter Aumühle

Bordesholm
Tourismus-Verein
Marktplatz
24582 Bordesholm
Tel: 0 43 22 / 69 51 62
Fax: 0 43 22 / 69 51 64

Braderuper Heide
Naturschutzzentrum
Tel: 0 46 51 / 4 44 21
Fax: 0 46 51 / 4 64 33
Naturzentrum Braderup
Öffnungszeiten:
April bis Oktober
Mo–Sa 10.00–12.00 Uhr
und 14.30–18.00 Uhr
s. auch unter Sylt

Brunsbüttel
Heimatmuseum Brunsbüttel
Am Markt 4
Tel: 0 48 52 / 72 12
Öffnungszeiten:
Di–Do und Sa, So
14.00–17.00 Uhr,
Mi auch 10.00–12.00 Uhr
oder nach Vereinbarung

Burg, Fehmarn
Fehmarn Tourismus Information
Breite Straße 28
23769 Burg/Fehmarn
Tel: 0 43 71 / 86 86 86
Fax: 0 43 71 / 86 86 42
Öffnungszeiten:
Mo–Fr 9.00–16.00 Uhr

Ernst-Ludwig-Kirchner-Dokumentation
Stadtbücherei
Bahnhofstraße 47
23769 Burg/Fehmarn
Tel: 0 43 71 / 31 75
Öffnungszeiten:
Mo–Fr 9.30–12.00 Uhr
und 14.30–18.30 Uhr

Cismar
Kloster Cismar
Bäderstraße an der Ostsee
23743 Cismar
Tel: 0 43 66 / 10 80
Öffnungszeiten:
März bis Oktober
Di–So 10.00–17.00 Uhr

Haus der Natur
Bäderstraße 26
23743 Cismar
Tel: 0 43 66 / 10 11
Öffnungszeiten:
täglich 10.00–19.00 Uhr

Dänischer Wohld
s. unter Kiel-Schilksee

Dannewerk
Museum am Danewerk
Ochsenweg 5
24876 Dannewerk
bei Schleswig
Tel: 0 46 21 / 3 78 14
Fax: 0 46 21 / 3 10 25
Öffnungszeiten:
15. Februar bis November
Di–Fr 9.00–17.00 Uhr,
Sa, So und feiertags
10.00–18.00 Uhr

Dosenmoor
s. unter Neumünster

Eutin
Touristinformation
Bleekergang 6
23701 Eutin
Tel: 0 45 21 / 7 09 70
Fax: 0 45 21 / 70 97 20

Fehmarn
Fehmarn Tourismus
Information
Breite Straße 28
23769 Burg/Fehmarn
Tel: 0 43 71 / 86 86 86
Fax: 0 43 71 / 86 86 42
Öffnungszeiten:
Mo–Fr 9.00–16.00 Uhr

Föhr
Kurverwaltung
Hafenstraße 23
25933 Wyk auf Föhr
Tel: 0 46 81 / 30 45
Fax: 0 46 81 / 30 66

Friedrichstadt
FVG W.I.R. rund um
Friedrichstadt
Am Markt 9
25840 Friedrichstadt
Tel: 0 48 81 / 1 94 33
Fax: 0 48 81 / 70 93

Garding
Fremdenverkehrsgemeinschaft Eiderstedt e.V.
Markt 26
25836 Garding
Tel: 0 48 62 / 4 69
Fax: 0 48 62 /12 25

Kirchen:
St. Christian Garding:
Kirche ist täglich offen.
St. Johannis Poppenbüll:
von Mai bis Oktober
täglich offen.
St. Martin Osterhever:
von Mai bis Oktober
täglich offen, sonst
Schlüssel im Pastorat.
St. Stephanus Westerhever: Schlüssel im Kirchspielskrug.

Führungen durch das Schutzgebiet Westerheversand:
von März bis Oktober
Schutzstation Wattenmeer
am Leuchtturm
Tel: 0 48 65 / 298
Naturkundliche Wattführungen, Vogelkundliche Führungen, Nationalpark Wattenmeer oder Erkundungstour rund um den Leuchtturm.
Termine im Schaukasten am Leuchturm Westerheversand oder bei der Tourist-Info Garding.

Hasselberg
Fremdenverkehrsverein
Ostsee-Hasselberg-
Maasholm
24376 Hasselberg-Kieholm
Tel: 0 46 42 / 62 28
Fax: 0 46 42 / 63 02
Öffnungszeiten:
Mo–Fr 9.30–11.30 Uhr

Hauke-Haien-Koog
s. unter Ahrensburg

Naturpark Hüttener Berge
s. unter Ascheffel

Kiel
Tourist-Information
Andreas-Gayk-Straße 31
24103 Kiel
Tel: 04 31 / 67 91 00
Fax: 04 31 / 67 54 39

Hans-Kock-Stiftung
Gut Seekamp
Seekamper Weg 10
24159 Kiel-Schilksee
Tel: 04 31 / 37 23 22
Öffnungszeiten:
Sa 10.00–12.00 Uhr
Außenanlagen sind immer geöffnet.
Sonderausstellungen jährlich im August.

Langballig
Fremdenverkehrsverein
Amt Langballig (Ostsee)
Süderenende 1
24977 Langballig
Tel: 0 46 36 / 88 36

Amt Langballig
Süderenende 1
24977 Langballig
Tel: 0 46 36 / 88-0

Heimatverein der
Landschaft Angeln
Unewatter Str. 3a
24977 Langballig
Tel: 0 46 36 / 10 80

Staatsforst Langenberg bei Leck
s. unter Leck

Leck
Gemeinde Leck
Marktstraße 7–9
25917 Leck
Tel: 0 46 62 / 8 10
Fax: 0 46 62 / 81 50

Lensahn
Verkehrsverein
Lübecker Straße 1 a
Tel: 0 43 63 / 8 33
Fax: 0 43 63 / 36 56

Museumshof Lensahn
Prienfeldhof
23738 Lensahn
Tel: 0 43 63 / 9 11 22
Fax: 0 43 63 / 9 11 44

Maasholm
s. unter Hasselberg-Kieholm

Molfsee
Schleswig-Holsteinisches
Freilichtmuseum Molfsee
Hamburger Landstraße 97
24113 Molfsee
Tel: 04 31 / 65 96 60
Fax: 04 31 / 6 59 66 25
Öffnungszeiten:
1. April bis 31. Oktober:
täglich 9.00–18.00 Uhr
(Kassenschluss 17.00 Uhr),
1. November bis 31. März:
an Wochenenden
und Feiertagen
11.00–16.00 Uhr

Nortorf
Fremdenverkehrsverein
Rathaus
24589 Nortorf
Tel: 0 43 92 / 8 96 20
Fax: 0 43 92 / 8 96 11

Pellworm
Kurverwaltung
Uthlandestraße 2
25846 Pellworm
Tel: 0 48 44 / 1 89 40 43
Fax: 0 48 44 / 1 89 44

Plön
Touristinfo im
Schwentinehaus
Tel: 0 45 22 / 5 09 50
Fax: 0 45 22 / 5 09 52 00

Plöner Motorschiffahrt
Fegetasche-Strandweg
24306 Plön
Tel: 0 45 22 / 67 66

Ratzeburg
Information
Schlosswiese 7
23909 Ratzeburg
Tel: 0 45 41 / 85 85 65
Fax: 0 45 41 / 53 27

Fremdenverkehrsverein
Ratzeburg und
Umgebung e.V.
Tel: 0 45 41/ 88 98 31
(rund um die Uhr)

Schiffsverkehr auf dem Ratzeburger See:
Tel: 0 45 41 / 79 00
Von Ostern bis Oktober (eingeschränkte Fahrzeiten April/Mai und Oktober). Lüneburger Damm – Römnitz – Kalkhütte – Buchholz (östliches Ufer) – Rothenhusen – Lüneburger Damm. 1. Abfahrt Lüneburger Damm mit 30-minütiger Rundfahrt um die Dominsel, 2. Abfahrt direkt nach Römnitz.

Schiffsverkehr auf der Wakenitz von Rothenhusen nach Lübeck:
Personenschiffahrt Maiworm: 04 51 / 3 54 55
Wakenitz-Schiffahrt
Quandt: 04 51/ 79 38 85

Salzstraße, alte
Tourismusverband
Alte Salzstraße e.V.
Am Markt 10
23909 Ratzeburg
Tel: 0 45 41 / 20 06
Fax: 0 45 41 / 8 45 53

Schaalsee
Internet:
www.schaalsee.de
s. auch unter Zarrentin und Ratzeburg

Schleswig
Touristikverein Schleswig-Flensburg e. V.
Flensburger Straße 7
24837 Schleswig
Tel: 0 46 21 / 8 73 63
Fax: 0 46 21 / 8 75 90

Schwabstedt
Fremdenverkehrsverein
Haus des Kurgastes
25876 Schwabstedt
Tel: 0 48 84 / 4 20
Fax: 0 48 84 / 4 20

Sylt
Fremdenverkehrsverein
Wenningstedt-Braderup
Westerlandstraße 1
25996 Wennigstedt
Tel: 0 46 51 / 9 89 00
Fax: 0 46 51 / 4 57 72

Kurverwaltung
Wenningstedt
Tel: 0 46 51 / 44 70
Fax: 0 46 51 / 4 47 40

Kurverwaltung
Listlandstraße
25992 List/Sylt
Tel: 0 46 51 / 9 52 00
Fax: 0 46 51 / 87 13 98

Kurverwaltung
25980 Rantum/Sylt
Tel: 0 46 51 / 80 70
Fax: 0 46 51 / 8 07 66

Fremdenverkehrszentrale
Stephanstraße 6
25980 Westerland/Sylt
Tel: 0 46 51 / 99 88
Fax: 0 46 51 / 99 81 00

Information:
Städtischer Kurbetrieb
Tel: 0 46 51 / 99 80
Fax: 0 46 51 / 99 82 34

Süderstapel
Fremdenverkehrsverein
„Stapelholm"
Am Markt 2
25879 Süderstapel
Tel: 0 48 83 / 91 02
Fax: 0 48 83 / 12 00

Tarp
Touristverein Treenetal
und Umgebung e.V.
Stapelholmer Weg 13
24963 Tarp
Tel: 0 46 38 / 89 34 04
Fax: 0 46 38 / 89 34 05
Öffnungszeiten:
Mo–Fr 9.00–12.00 Uhr

Treenetal
s. unter Tarp

Travemünde
Tourismus-Zentrale
Strandpromenade 1 b
23570 Travemünde
Tel: 0 45 02 / 8 04 30
Fax. 0 45 02 / 8 04 60

Ukleisee
s. unter Eutin

Unewatt
s. auch unter Langballig

Landschaftsmuseum
Angeln
Unewatter Straße 1a
24977 Langballig
Tel: 0 46 36 / 10 21
Fax: 0 46 36 / 82 26

Naturpark Westensee
s. unter Nortorf

Zarrentin
Naturparkamt Schaalsee
Wittenburger Chaussee 13
19246 Zarrentin
Tel: 03 88 51 / 30 20
Fax: 03 88 51 / 3 02 20

Weitere Informationen:

Nordseebäderverband
Schleswig-Holstein e.V.
Postfach 16 11
25806 Husum
Tel: 0 48 41 / 8 97 50
Fax: 0 48 41 / 48 43

Touristik
Süd-West-Holstein e.V.
Postfach 1632
25506 Itzehoe
Tel: 0 48 21 / 6 94 72
Fax: 0 48 21 / 6 93 13

Holsteinische Schweiz
Tourismus GmbH
Haus des Gastes
23701 Eutin
Tel: 0 45 21 / 7 09 70
Fax: 0 45 21 / 70 97 20

Fremdenverkehrsgemeinschaft Mittelholstein e.V.
Niedernstraße 6
24589 Nortorf
Tel: 0 43 92 / 8 96 10
Fax: 0 43 92 / 8 96 11

Tourismusverband
„Alte Salzstraße" e.V.
23909 Ratzeburg
Tel: 0 45 41 / 20 06
Fax: 0 45 41 / 8 45 53

Ostseebäderverband
Schleswig-Holstein e.V.
Vorderreihe 57
23570 Lübeck-Travemünde
Tel: 0 45 02 / 86 63
Fax: 0 45 02 / 42 34